MW00596825

LA JUVENTUD

NO ME
AVERGÜENZO

Vida®

La misión de Editorial Vida es ser la compañía líder en satisfacer las necesidades de las personas con recursos cuyo contenido glorifique al Señor Jesucristo y promueva principios bíblicos.

NO ME AVERGÜENZO, LA JUVENTUD CRISTIANA SE LEVANTA
Edición en español publicada por
Editorial Vida, 2014
Miami, Florida

© **2014 por Varios**

Edición: *María Gallardo*
Diseño interior: *CREATOR studio.net*

ISBN: 978-0-8297-6585-4

CATEGORÍA: Ministerio Cristiano/Juventud
                    Christian Ministry/Youth

IMPRESO EN ESTADOS UNIDOS DE AMÉRICA
PRINTED IN THE UNITED STATES OF AMERICA

14 15 16 17 18 RRD 6 5 4 3 2 1

ÍNDICE:

PLAY —————————————————————— 7
(por Lucas Leys y Emmanuel Espinosa)

CAPÍTULO 1: —————————————————— 23
¿Está pasado de moda el evangelismo? (por Coalo Zamorano)

CAPÍTULO 2: —————————————————— 33
Llamados y escogidos (por Christine D'Clario)

CAPÍTULO 3: —————————————————— 43
El impacto de la intercesión y el poder del amor (por Álvaro Palma de Renova)

CAPÍTULO 4: —————————————————— 53
Los amigos no cristianos (por Funky)

CAPÍTULO 5: —————————————————— 63
Evangelismo de acción (por 7immy Ost)

CAPÍTULO 6: —————————————————— 75
Un inmenso campo de tierra fértil (por Ulises de Rescate)

CAPÍTULO 7: —————————————————— 87
Alguien necesita ver a Jesús (por Lilly Goodman)

CAPÍTULO 8: —————————————————— 97
El gran comienzo es ya (por Lucía Parker)

CAPÍTULO 9: —————————————————— 109
La clave (por Enrique Bremer de En Espíritu y en verdad)

CAPÍTULO 10: —————————————————— 117
Sin palabras, sin sonidos y sin voz (por Gio Olaya de Pescao Vivo)

CAPÍTULO 11: —————————————————— 129
El gran privilegio (por Redimi2)

CAPÍTULO 12: —————————————————— 139
El último juego de ajedrez (por Alex Campos)

UNA ORACIÓN DE CONVERSIÓN —————————————— 151

A LA JUVENTUD
DE IBEROAMÉRICA.
LA JUVENTUD DE
LA ESPERANZA.

PLAY

Para comenzar este libro te damos dos introducciones. Una de Lucas y otra de Emmanuel. Ambos son amigos y han servido a la juventud por muchos años. Estas introducciones están buenísimas porque te van a ayudar a entender a dónde vamos, pero antes, queremos darte otra cosa: ¡una advertencia! Queremos que sepas que lo que estás a punto de leer en las próximas páginas tiene el objetivo de empujarte a saltar desde el borde de un puente. ¡¡Síii!! Pero no te preocupes. Lo maravilloso es que atado a tus pies está el evangelio de Cristo.

Esto te permitirá arrojarte en caída libre y sentir toda la adrenalina del momento, pero teniendo la seguridad de que la verdad del evangelio te va a mantener siempre protegido, de manera que puedas saltar y rebotar y llegar cada vez más lejos en la aventura de contarles a otros acerca de Cristo.

HABLAMOS DE JESÚS JUSTAMENTE PORQUE NO SOMOS PERFECTOS

La otra medida de seguridad te la va a dar la red de la gracia de Dios. ¿En qué sentido? Bueno, todos sabemos que una de las razones (o excusas) más comunes para no hablar de nuestras vidas cristianas a todo volumen es que nosotros también cometemos errores. El diablo siempre aprovecha eso para decirnos que, si no somos perfectos, entonces no podemos hablar de Jesús. ¡Mentiraaa! Lo que hay que gritarle a la cara a Mr. Satán es esto: ¡Hablamos de Jesús justamente porque NO somos perfectos, y

porque podemos descansar en la gracia de Dios y en el precio de redención que fue pagado por Cristo en la cruz del calvario! Eso le hará cerrar la boca por un rato...

Léete estos versículos y apréndetelos de urgencia: «Porque por gracia ustedes han sido salvados mediante la fe; esto no procede de ustedes, sino que es el regalo de Dios, no por obras, para que nadie se jacte. 1Porque somos hechura de Dios, creados en Cristo Jesús para buenas obras, las cuales Dios dispuso de antemano a fin de que las pongamos en práctica.» – Efesios 2:8-10

Así es que recuerda esto. Cuando nos decidimos a dar el salto de una vida de religiosidad, de tradiciones, y de calentar bancos de iglesia, hacia una vida cristiana real, bíblica, y genuina, podemos estar seguros de que siempre habrá una red debajo, tejida con la sangre de Jesús. Esa red nos protege, nos da seguridad, nos salva. Y nos permite actuar todavía con más audacia.

«¡Qué hermosos son, sobre los montes,
los pies del que trae buenas nuevas;
del que proclama la paz,
del que anuncia buenas noticias,
del que proclama la salvación,
del que dice a Sión: "Tu Dios reina"!»
(Isaías 52.7)

NO HAY CIELO SIN CRUZ
POR LUCAS LEYS

Hace unos años me dieron un consejo bastante ridículo. La primera vez que me dieron este «consejo» fue en una iglesia norteamericana y para mi sorpresa luego lo he vuelto a escuchar en otras ocasiones. Allí me explicaron que resultaba mejor no mencionar el pecado a la hora de evangelizar. Me sugirieron que era mejor presentar un evangelio «positivo», un evangelio que cautive a las personas conectándose con sus necesidades y no con sus temores. La sugerencia realmente me pareció curiosa, sobre todo teniendo en cuenta que la mayor necesidad del ser humano es arrepentirse de sus pecados. Al menos según mi Biblia, no hay salvación sin esto...

El apóstol Pedro lo dijo claro en su primer gran discurso: «Por tanto, para que sean borrados sus pecados, arrepiéntanse y vuélvanse a Dios, a fin de que vengan tiempos de descanso de parte del Señor. » (Hechos 3:19)

Sin embargo, hoy, años después, veo que el concepto ya está instalado en el mundo de habla hispana. Incluso hace unos meses me sugirieron exactamente lo mismo

en una iglesia del idioma del cielo. (El español, claro.) La frase exacta fue: «Aquí preferimos no hablar del pecado, sino ayudar a la gente a alcanzar el éxito». De nuevo pensé que era muy curioso que un líder cristiano me dijera algo semejante...

Por supuesto que es incómodo hablar del pecado. Por supuesto que es más «positivo» hablar de los sueños y del éxito, y decirle cosas bonitas a la gente, que corregirla o hacerla pensar o confrontarla con su culpa. Pero, aunque no nos guste, no hay cielo sin cruz. Porque ese sigue siendo el camino que nos enseñó Cristo.

> **AUNQUE NO NOS GUSTE, NO HAY CIELO SIN CRUZ. PORQUE ESE SIGUE SIENDO EL CAMINO QUE NOS ENSEÑÓ CRISTO.**

Claro que no estoy hablando de agarrar a la gente a garrotazos con la Palabra. Tampoco creo que debamos ser groseros, ni condenatorios, ni que sea bueno manipular a las personas con el temor. Hay algunos predicadores que pareciera que disfrutan diciéndole a la gente que es pecadora. Esto hay que decirlo con lágrimas en los ojos y no con la intención de mostrarnos superiores. Es más, creo que otro de los errores del pasado que debemos dejar atrás es el «evangelismo por amenaza». Es decir, lograr que la gente levante la mano o pase al frente en una reunión solamente por temor a irse al infierno, sin entender el compromiso que están haciendo. Pero de esto definitivamente estoy convencido: Invitar a la gente a «seguir a Dios» sin dejar nada en la cruz, no puede ser bueno de ninguna manera.

Como mínimo, esto genera dos problemas. Por un lado, fomenta el sincretismo. ¿Sincre qué? Es decir, llena el mundo de personas que creen en Jesús… y en la virgen, y en las estrellas, y en pagarle a Dios con dinero a cambio de favores, y en las brujas, y en el pastor de la TV, y en Santa Catalina de la muerte del valle de la ostra perdida, y en ese cantante popular que tenía una sonrisa tan linda y era tan guapo y que algunos dicen que ahora muerto hace milagros. Y por otro lado, esta forma de predicar produce nominalismo. ¿Nomi cuánto?

CONFRONTAR A LA GENTE CON SU PROPIO PECADO NUNCA RESULTA POPULAR NI ATRACTIVO, PERO SIGUE SIENDO EL ÚNICO CAMINO AL CIELO.

Es decir, llena las iglesias de gente que se llama cristiana de nombre, pero que realmente no tiene a Jesús como Señor y modelo de vida.

Lo que Jesús nos enseñó es la única doctrina valida, y

en la Biblia yo veo bien claras las respuestas a estos dos problemas. Contra el sincretismo encuentro lo que Jesús dice en Juan 14.6: «Yo soy el camino, la verdad y la vida... Nadie llega al Padre sino por mí». Y contra el nominalismo encuentro lo que dice un poco más adelante, en Juan 14.23: «El que me ama, obedecerá mi palabra...».

EL EVANGELIO ES LA MEJOR NOTICIA DEL UNIVERSO, PERO TUVO UN PRECIO.

Volviendo a las extrañas sugerencias sobre cómo y qué predicar: Sí, lo entiendo. Confrontar a la gente con su propio pecado nunca resulta popular ni atractivo. Pero sigue siendo el único camino al cielo. Y, por lo tanto, no podemos callarlo. Debemos hacerlo con amor, motivados por la misericordia pero debemos hacerlo al fin como médico que aplica una vacuna que duele pero con el fin de salvar de una enfermedad.

Esta es en gran parte la razón por la que me emociona tanto que tengas este libro hoy en tus manos. «No me avergüenzo» no es un susurro dicho al pasar. No es un secreto ni una afirmación dicha con timidez. ¡Es una declaración poderosa! Es un grito a todo volumen. Con sonido stereo surround y con los amplificadores puestos al máximo de extra potencia.

El evangelio es la mejor noticia del universo, pero tuvo un precio. La sangre de Cristo fue ese precio. Y quienes entendemos el valor de ese pago y de ese regalo que nos fue dado, vivimos con seguridad y sin temor de decir las cosas como son.

La cruz puede ser locura para quienes no conocen a Cristo, pero nosotros estamos agradecidos y orgullosos de ella. Además, Jesús no solamente se presentó a sí mismo como Salvador, sino que nosotros sabemos que Él es mucho más. Es el justo Señor de todo el universo y el Rey de la creación. Por eso queremos vivir con arrojo para su causa. Y gritar que no nos avergonzamos.

HASTA LO ÚLTIMO DE LA TIERRA
POR EMMANUEL ESPINOSA

No solo son «buenas nuevas»... ¡son las mejores nuevas que puede haber! Jesucristo vino a rescatarnos de la muerte eterna dándose como sacrificio, una vez y para siempre, para que por su muerte y resurrección nosotros tengamos libre acceso a Dios y podamos disfrutar de una relación directa con Él. ¡Esa es la mejor noticia que haya habido jamás! Tú y yo, AMIGOS del ser más amoroso, asombroso, rico, famoso y poderoso del universo ¿Qué tal?

Cada ser humano, desde el que vive en las ciudades más cosmopolitas hasta el que habita en las aldeas de los rincones más inhóspitos del planeta, todos, todos caminan por la vida con un vacío. Y es un vacío que absolutamente nada, aparte de Jesucristo, puede llenar. ¡Por eso la mejor noticia del mundo es que ese Jesús, que nos amó tanto como para morir en la cruz por nuestros pecados, quiere hoy tener una relación personal con cada uno de nosotros!

Y hay más. Él nos ama, y quiere relacionarse personalmente con nosotros, pero la historia no termina allí: ¡Él quiere usarnos como sus embajadores, sus representantes, sus portavoces! ¡Sí, es así! Jesús quiere usarte para que seas de bendición en donde estás y en otras naciones.

TODOS CAMINAN POR LA VIDA CON UN VACÍO. Y ES UN VACÍO QUE ABSOLUTAMENTE NADA, APARTE DE JESUCRISTO, PUEDE LLENAR.

Él quiere usarte con los talentos que tienes y con los que estás por descubrir (¡sí, pronto verás que tienes muchos más de los que crees!). Él quiere que seas testigo suyo en tu ciudad y en lugares que en este momento ni te puedes imaginar. (A propósito, ¡Él no te muestra todos esos lugares ahora mismo para que no te asustes!)

Así que, Dios te ama, pero también quiere usarte. ¿Puedes creerlo? El Dios de la creación. El Rey de reyes y Señor de señores. ¡El Todopoderoso te ama y quiere usarte! ¿Y sabes qué? En la película de Dios titulada «La redención de la humanidad» hay un papel que ya está asignado para ti. ¿Te animas a tomar ese papel? ¡Perfecto! ¿No quieres hacerlo? Bueno, esto cambiará tu vida pero no la película.

Nada puede detener el plan que Dios ya tiene trazado incluso desde antes de formar nuestro diminuto planeta llamado Tierra. Eres importante pero no indispensable. Lo único malo es que tú te lo pierdes... Yes. Tú te lo pierdes. ¿Sería ridículo cierto?

Hace un tiempo mi esposa y yo visitamos un país en el sur de Asia en el cual ser conocido como cristiano pone en peligro tu situación socioeconómica e incluso tu vida.

Mientras estábamos allí, una pareja local de hermanos en la fe nos relató todo lo que habían atravesado como consecuencia de poner a Jesús en el centro de sus vidas y vivir para Él. «Nos corrieron de nuestro vecindario sin dejarnos llevar las pocas pertenencias que teníamos... nuestra familia no quiere saber nada de nosotros... nos despidieron de nuestros trabajos... nos han golpeado y perseguido por compartir de lo que Jesús ha hecho con nosotros...» Toda esa información era demasiado para digerir, así que hice una pregunta que, ahora entiendo, fue una pregunta tonta. Les dije: «¿Y cómo hacen para vivir si no tienen nada?». Cuando el traductor les dijo lo

«¡ES QUE TENIENDO A JESÚS TENEMOS TODO!»

que pregunté, ellos me miraron y me regalaron la sonrisa más impresionante que yo haya visto de un seguidor de Jesús. Y me respondieron: «¡Es que teniendo a Jesús tenemos todo!» Después de eso también nos contaron que ya tenían hijos y nietos espirituales, y que seguían in-

cansablemente evangelizando, discipulando y ayudando en su iglesia. Y luego dijeron algo que jamás podré olvidar: «Nosotros realmente no hemos sacrificado nada siendo que Jesús ya dio todo... No hay algo que podamos hacer para pagar su amor, pero queremos que otros lo sepan y conozcan de Él.» Mi cara se cayó de vergüenza y mi corazón se entristeció, porque me di cuenta de

«NOSOTROS REALMENTE NO HEMOS SACRIFICADO NADA SIENDO QUE JESÚS YA DIO TODO»

que yo había invitado a Jesús para que Él me siga a mí, en lugar de responder yo al llamado de seguir a Jesús y obedecerlo.

Luego de ese día tomé las palabras de nuestros hermanos como inspiración, le pedí perdón a Jesús, y comencé, junto con mi familia, a vivir la vida de una manera distinta. Ahora no solo disfrutamos de su amor, sino que entendemos la urgencia de que otros lo conozcan también. Decidimos ser parte del plan de Dios para la humanidad. Y creo con todo mi corazón que los seguidores de Jesús, los adoradores entregados, están por tomar ese mismo paso de obediencia pronto. Pues es tanta la pasión que sienten dentro que no quieren, ni pueden, quedarse más callados.

Me alegra y me emociona que los seguidores de Jesús se estén capacitando y busquen aprender cada vez más.

Creo que es importante saber qué crees, y también es importante saber por qué lo crees. Y creo que es muy importante tener una teología correcta. Pero también creo que no debemos confundir la teología académica con la vida cristiana.

Una cosa es estudiar lo que la Biblia enseña y celebrar ese conocimiento adquirido, y otra cosa es estudiar lo que Dios dice en su Palabra para ponerlo por obra y vivir en obediencia a Él, sin importar el costo que esto conlleve. ¡Eso es lo que me encanta de este libro! Me gusta el hecho de que no se trata de un libro para estudiar y guardarlo en

YO HABÍA INVITADO A JESÚS PARA QUE ÉL ME SIGA A MÍ, EN LUGAR DE RESPONDER YO AL LLAMADO DE SEGUIR A JESÚS Y OBEDECERLO.

nuestra colección, sino que es un libro que, a los que han disfrutado de su amor, les mostrará cuál es el siguiente paso.

Este libro es para los que están locamente enamorados de Jesús, y cada mañana deciden poner ese amor en acción. No es para los que quieren ganarse su amor con obras (porque eso es imposible), sino para aquellos que han experimentado tanto de su amor que no quieren guardar más en secreto la obra de Jesús en la cruz. Es para los que se han

tomado de manera personal las palabras de Jesucristo que leemos en Juan 20.21: «...Como el padre me envió a mí, así yo los envío a ustedes.»

Este es nuestro momento. Es hora de dar el siguiente paso. Es hora de tomar nuestro papel en la película y ser usados para que el mundo sepa del Salvador... ¡Todo para la fama, reconocimiento y gloria de Jesucristo! ¡Allá vamos!

Dios quiera que en dónde estemos se pueda decir acerca de Jesús:

«...y se extendió su fama por toda aquella región.» (Lucas 4:14)

01

¿ESTÁ PASADO DE MODA EL EVANGELISMO?

POR COALO ZAMORANO

COALO ZAMORANO

HA SIDO VICE PRESIDENTE DE
PRODUCCIÓN DEL GRUPO CANZION.
HOY ES DIRECTOR DE ALABANZA DEL
AREA HISPANA DE CHAMPION FOREST
CHURCH. HA ESCRITO UNA GRAN
CANTIDAD DE CANCIONES QUE HAN
SIDO GRABADAS POR DIFERENTES
SALMISTAS ADEMÁS DE SUS PROPIOS
DISCOS.

Creo que el evangelismo en sí nunca pasará de moda, ya que es algo que se encuentra en la esencia misma de nuestra fe. Es un mandato rotundo para cada persona que se considere un seguidor fiel de Jesús, y nadie discutirá jamás la imperiosa necesidad que existe de que evangelicemos. Lo que pienso es que en muchos casos hemos permitido que se oxiden las vías y los métodos que utilizamos para llevar el mensaje, por no estar atentos a lo que sucede en el mundo que nos rodea.

Una de las tareas y responsabilidades que tenía a mi cargo cuando era líder de jóvenes en mi iglesia era la de coordinar un campamento juvenil que organizábamos cada año. Recuerdo que un año

HEMOS PERMITIDO QUE SE OXIDEN LAS VÍAS Y LOS MÉTODOS QUE UTILIZAMOS PARA LLEVAR EL MENSAJE, POR NO ESTAR ATENTOS A LO QUE SUCEDE EN EL MUNDO QUE NOS RODEA.

quise hacer algo diferente. Quería poder comunicarme con los muchachos y muchachas nuevos que asistirían al campamento, y quería hacerlo de una manera que realmente les llegara. Entonces se me ocurrió una «brillante» idea: pedirles autorización a los pastores para poner luces especiales en el lugar donde teníamos las reuniones generales. ¡Viendo sus reacciones, parece que

cuando yo les hablé de las luces ellos escucharon que quería repartir marihuana o algo así! En seguida los pastores comenzaron a explicarme que eso era mundano, intentaron hacerme ver que era pecado porque queríamos imitar al mundo, y básicamente me lanzaron una serie de argumentos similares antes de decirme, por supuesto, que no.

Claro que las luces no eran el verdadero punto, pero crear un ambiente propicio para que presten atención si lo era pero mis líderes de ese entonces, no lo entendieron así. Sin embargo, yo sigo creyendo que para poder llegar con el mensaje a los que están perdidos, debemos estar atentos a las formas de comunicar que existen en el mundo actual. No para conformarnos al mundo, por supuesto, pero al menos para no seguir utilizando vías y modos de comunicación que ya están obsoletos y ser astutos en nuestra manera de hacerlo. El objetivo es poder hablarle a la gente del modo que la gente entienda mejor.

Por esto, quiero dejarte aquí tres pensamientos muy personales que espero puedan ayudarte en la tarea de llevar el mensaje más importante que este mundo debe escuchar. Al pensar en estos tres puntos, inmediatamente me vino a la cabeza el recuerdo de Steve Jobs. Probablemente hayas oído hablar de él como el inventor del Ipod o el fundador de Apple, la empresa detrás de las computadoras Mac, pero puede interesarte saber algo más sobre su vida. Steve Jobs fundo la compañía Apple cuando tan solo tenía 21 años. No lo hizo con la ayuda de grandes empresarios, sino que lo hizo junto con un amigo de la adolescencia y en el garaje de su casa. Tuvo un comienzo pequeño, pero a los 26 años ya era millonario, porque supo comunicarle a otros la relevancia de sus creaciones y venderle al mundo la idea de que necesitaban comprar sus productos.

Reacciones creativas

Para Steve Jobs y Apple, los años fueron pasando y con ellos creció también la competencia. Se hizo obvio para todos que fueron apareciendo cada vez más competidores en el mercado, pero su reacción fue siempre creativa. Innovaba constantemente.

En 1984 su compañía lanzó al mercado el Macintosh 128k, el primer ordenador personal que utilizó una interfaz gráfica de usuario y un mouse en lugar de la antigua línea de comandos.

> PARA PODER LLEGAR CON EL MENSAJE A LOS QUE ESTÁN PERDIDOS, DEBEMOS ESTAR ATENTOS A LAS FORMAS DE COMUNICAR QUE EXISTEN EN EL MUNDO ACTUAL

Pero Steve Jobs no se detuvo ahí, ni tampoco se limitó al rubro informática. En 1986 fundó la innovadora empresa Pixar. Y unos años más tarde cambió el modelo

de negocio de la industria musical, lanzando el iPod en 2001 y creando en 2003 la tienda online de música iTunes, la cual ya en el 2009 había acaparado el 25% de las ventas de música en los Estados Unidos, llegando a ser, por su volumen de ventas, la mayor tienda de música de la historia.

La pregunta entonces es: ¿qué hay en la historia de Steve Jobs que podamos imitar nosotros hoy para alcanzar a más y más personas con el evangelio de Cristo? Se me ocurre que podríamos imitarlo al menos en tres puntos clave:

1-Aprendamos a comunicar con relevancia

En nuestro caso, en lugar de un producto, ¡estamos comunicando el mensaje más relevante que alguien pudiera oír! Creo que si realmente entendiéramos el poder que nuestras palabras contienen, si nos recordáramos a nosotros mismos todo el tiempo que son palabras de vida, palabras de salvación, palabras de esperanza, quizás invertiríamos más tiempo, esfuerzo y recursos para llevarle a otros el mensaje de la cruz.

> SI EL MENSAJE SE PIERDE EN EL CAMINO, NO SIRVE PARA NADA

No pierdas oportunidad de comunicarle este mensaje a la gente que te rodea. Pero aprende a hacerlo de manera tal que ellos puedan entenderlo. De una manera relevante. De una manera que realmente les llegue. Porque si el mensaje se pierde en el camino, no sirve para nada.

2-No tengamos temor ni vergüenza

He observado que muchas personas no quieren compartir las buenas nuevas porque sienten vergüenza o temor. Y no me refiero a temor a ser apedreados, por vivir en algún país lejano en el cual el cristianismo está prohibido.

Me refiero a temor de que algún amigo se burle, o temor de que luego los miren como si fueran «raros»... ¡Temor de lo que dirán u opinarán

¡NO TIENES DERECHO A PRIVAR A OTROS DE LA POSIBILIDAD DE LLEGAR A CONOCER A DIOS TAN SOLO PORQUE TÚ SIENTES TEMOR O VERGÜENZA!

otros! Este sentimiento de vergüenza o temor es mucho más común de lo que normalmente estamos dispuestos a admitir. Por eso quiero reconocer aquí que yo mismo lo he sentido varias veces. En muchas oportunidades me he encontrado en situaciones donde no quería mencionar mi fe para evitar sentirme avergonzado. Por supuesto que me arrepiento de esto, y desde la última ve que esto me sucedió, hace ya varios años, ¡decidí que nunca más me volvería a suceder!

Jesús fue a la cruz y recibió el peor de los castigos, y lo hizo pasando vergüenza, sufriendo terribles dolores, y escuchando las burlas de la gente. Así que, si dudas sobre si compartir o no las buenas nuevas, sólo recuerda

el precio tan alto que Jesús pagó en la cruz para que esa persona que está escuchándote pueda tener vida eterna. ¡Este mensaje que estás comunicando cambiará su vida por completo! ¡No te lo puedes callar! ¡No tienes derecho a privar a otros de la posibilidad de llegar a conocer a Dios tan solo porque tú sientes temor o vergüenza!

3-Seamos creativos

¡Dios es el Creador! ¡Él hizo los cielos y la tierra! Todas las cosas en este mundo transmiten un mensaje claro y certero de que Él nos ama. Porque nos ama puso las estrellas en el cielo nocturno, y porque nos ama brilla cada mañana el sol sobre buenos y malos por igual. Recuerda esto, y si alguna vez te sientes frustrado pensando en cómo llevar a otros este mensaje tan relevante, o si necesitas una dosis extra de creatividad, ¡pídesela al creador de todo! Hay muchas formas originales de comunicarnos, pero creo que a veces nos gana la pereza de tener que buscar a Dios, y se nos hace más fácil copiar algo que le funciona a otro o simplemente quedarnos con el mismo método de hace 20 años. ¡Pídele a Dios que te ayude a ser creativo al comunicar el mensaje de salvación, y te sorprenderás de lo que puede surgir a partir de allí!

PREGUNTAS PARA DISCUSION GRUPAL

1) Algunas personas opinan que no debemos «copiar» las estrategias del mundo para no «contaminarnos» con el mundo. ¿Qué opinas tú?

_____

_____

_____

_____

_____

_____

_____

2) ¿Has sentido alguna vez miedo o vergüenza de hablarle a otros de Cristo? ¿Por qué piensas que tantas veces nos sucede esto? ¿Se te ocurre alguna idea para evitar que esto vuelva a sucederte en el futuro?

_____

_____

_____

_____

_____

_____

_____

3) Piensa en tu caso personal, en tu grupo, o en tu iglesia... ¿Qué cosas podrían modificar para ser más creativos en la tarea de compartir con el mundo el mensaje del evangelio?

_____

_____

_____

_____

_____

_____

_____

_____

LLAMADOS Y ESCOGIDOS

POR CHRISTINE D'CLARIO

02

CHRISTINE D'CLARIO

NACIÓ EN LA CIUDAD DE NUEVA
YORK Y FUE CRIADA EN LA ISLA DE
PUERTO RICO. SE DIO A CONOCER
RÁPIDAMENTE EN LA ESFERA MUSICAL
CRISTIANA HASTA LLEGAR HOY EN DÍA
A SER UNA DE LAS MÁS DESCATADAS
CANTANTES CRISTIANAS HISPANAS
DEL MOMENTO.

Cierto día me encontraba en mi casa reflexionando acerca de todas las cosas que Dios había hecho por mí. A lo largo de mi vida Dios me ha mostrado una misericordia que yo no merecía ni aun en mis mejores días. Conocí su amor restaurador cuando me rescató de una doble vida de pecado oculto aún mientras era líder en la iglesia. Recordé también las veces en que Dios me había sanado física, emocional y espiritualmente, llevándome así a un lugar mucho mejor del que jamás había estado.

EL ENEMIGO SIEMPRE BUSCA QUE NOS SINTAMOS INCAPACES DE HACER AQUELLAS COSAS PARA LAS CUALES FUIMOS CREADOS.

Dios me enseñó a perdonar, a cuidar de mi corazón, y a vivir en pureza y transparencia delante de Él y de los que me rodean. ¡Me dio tantas cosas! ¡Hizo tanto por mí! Cuando yo por fin se lo permití, Él literalmente me hizo de nuevo.

También restauró mi propósito de ser luz en medio de la oscuridad, y de hacerlo por medio de la música y la enseñanza de Su Palabra. Mientras recordaba todas estas cosas, no pude evitar sentir que yo no era merecedora de semejante gracia, ¡aunque estaba tan agradecida de recibirla!

Ese día en particular yo estaba necesitando un toque especial de Dios porque realmente no me sentía hábil como para llevar a cabo la labor que Dios me había encomendado para esa temporada.

Mi tarea era viajar a muchos países para llevar a Su pueblo ante Su presencia en adoración, y para alcanzar a los que estaban perdidos, brindándoles esperanza en Cristo. ¡Aunque parece simple, o le pueda emocionar el pensamiento a más de uno, en ese momento esta encomienda se sentía muy difícil de llevar a cabo para mí! Especialmente la parte de alcanzar a otros que no conocían a Jesús, aun a pesar de que en ese entonces yo ya me encontraba grabando discos y viajando recurrentemente con este mismo fin.

Mis talentos y amor por la música hacían que adorar a Dios siempre fuera fácil para mí, al menos en ese aspecto. Sin embargo, el guiar a otros no siempre lo había sido. Desde muy joven luché con mi llamado a ser líder y a evangelizar. Sabía que predicar el evangelio y salvar almas es una encomienda para todos los hijos de Dios.

Y comprendía que al ser yo una hija de Dios, esto me tocaba a mí también. Pero me asediaba el temor a ser rechazada, burlada o no tomada en cuenta. Y estos sentimientos eran tan fuertes que el obedecer esta parte de mi llamado era para mí como derrumbar la muralla China solo con mis dos manos.

El enemigo siempre busca que nos sintamos incapaces de hacer aquellas cosas para las cuales fuimos creados. Y ciertamente en aquel momento lo estaba logrando conmigo. En medio de esa lucha interior y ante este torbellino de pensamientos el Espíritu Santo me recordó lo que dicen las escrituras en Mateo 22.14: «Porque muchos son llamados, y pocos escogidos.» (RVR60). Yo sabía que Dios me había escogido para esto, ¡pero no entendía por qué me había escogido a mí! Y más allá de eso, mi mayor temor era que nuevos niveles

DIOS NOS LLAMA A TODOS, PERO LOS QUE SE ARROJAN A SUS BRAZOS DE AMOR Y SE DESESPERAN POR BUSCARLO A ÉL POR SOBRE TODAS LAS COSAS, ESOS SON SUS ESCOGIDOS.

de influencia arruinaran la hermosa y cercana relación que yo había desarrollado con el Espíritu Santo. Pensaba que tal vez yo podía ser afectada por el orgullo, que había sido la raíz del pecado que me había alejado de Dios por tanto tiempo.

También sentía que la responsabilidad de ser instrumento de Dios para bendecir a las naciones debía recaer sobre otra persona... tal vez sobre alguien más hábil o con más talento que yo.

Sabía que había gente que cantaba mejor que yo, predicaba mejor que yo, y lideraba mejor que yo. Gente que podía hacer un trabajo muchísimo mejor que el que yo

LA DIFERENCIA ESTÁ EN CÓMO CADA UNO RESPONDE A SU LLAMADO

jamás podría hacer. Incluso sabía de gente que deseaba este tipo de ministerio con todo su corazón y luchaba fuertemente por llegar a tener un lugar de liderazgo. Realmente no entendía como yo,

una chica tan joven, con un pasado tan difícil, y que sólo era una aprendiz en la fe, podía ser escogida por Dios para una propósito tan grande y privilegiado como el de salvar gente para Cristo. ¿Qué tenía yo de especial como para ser escogida por Dios?

La respuesta en sus brazos

Sin más, me encerré en mi cuarto y comencé a hablar con Dios. Con voz temblorosa y por debajo de mi aliento le dije: «Dios, si hay tantos en el mundo mejores que yo para hacer esto, ¿por qué me has escogido a mí? ¿Qué hay de especial en mí para que sea escogida y no sólo llamada?» Inmediatamente sentí la voz de Dios como un dulce susurro en mi oído derecho, como si se hubiera venido a sentar a mi lado, y Él me respondió: «Eres llamada porque te amo y te deseo tanto, pero eres escogida porque tú me amas y me deseas tanto a mí.» Al escuchar esas palabras mis ojos se llenaron de lágrimas. ¡Finalmente lo había entendido! Dios nos llama a todos, pero los que se arrojan a sus brazos de amor y se desesperan por buscarlo a Él por sobre todas las cosas, esos son sus escogidos.

Dios nos ha hecho la invitación a todos. A cada uno de sus hijos. Nos ha llamado a cruzar las líneas de nuestra comodidad y a estar dispuestos a rendirle todo a Él, inclusive nuestros sueños y metas personales. Todos somos llamados a amarlo y desearlo más que a nuestras propias vidas, y a alcanzar a otros para que también obtengan vida y salvación. La diferencia está en cómo cada uno responde a su llamado.

TODOS SOMOS LLAMADOS, Y EL CORAZÓN DE DIOS ANHELA QUE TODOS PASEMOS DE SER LLAMADOS A SER ESCOGIDOS

Con esto aprendí que ser escogidos no tiene que ver con la influencia, fama, o éxito que podamos tener en esta tierra, sino con el hecho de que nuestro nombre sea conocido en el Cielo como el de una persona que ha conquistado el corazón del Padre con su amor y entrega incondicional. Eso es ser un escogido.

Todos somos llamados, y el corazón de Dios anhela que todos pasemos de ser llamados a ser escogidos. Pero la decisión depende de nosotros. ¿Daremos ese paso, entregándole nuestras vidas completas a Dios para que

otros puedan recibir la gracia redentora del sacrificio de la Cruz, así como un día la recibimos nosotros?

Animémonos a cruzar del otro lado de la línea. Dejemos de ser tan solo llamados y pasemos a ser, por medio de nuestra entrega total, sus escogidos, para llevarle esperanza y vida eterna a los que necesitan encontrarse con Jesús.

En sus brazos, somos más que mayoría.

PREGUNTAS PARA DISCUSION GRUPAL

1) ¿Has sentido alguna vez que lo que Dios te pedía era demasiado para ti? ¿Qué hiciste en ese momento? ¿Cómo piensas al respecto ahora, luego de leer estas páginas?

_____

_____

_____

_____

_____

_____

_____

_____

2) ¿Puedes pensar en algún momento o en algún área de tu vida en la que el enemigo te haya hecho sentir incapaz de hacer algo para lo que en realidad fuiste creado? ¿Qué hiciste en ese momento, o, si esto ha seguido hasta el presente, qué crees que podrías hacer ahora para desactivar su estrategia?

_____

_____

_____

_____

_____

_____

_____

_____

3) ¿Sientes en este momento que eres un escogido, o solo un llamado? ¿Por qué? Si no eres un escogido aún, ¿qué te está deteniendo?

_____

_____

_____

_____

_____

_____

_____

EL IMPACTO DE LA INTERCESIÓN Y EL PODER DEL AMOR

POR ÁLVARO PALMA DE RENOVA

03

ÁLVARO PALMA – RENOVA

ES INGENIERO, CANTAUTOR, COMPOSITOR, GUITARRISTA DE LA BANDA RENOVA Y ANTE TODO UN APASIONADO POR LA PRESENCIA DE DIOS. ESTÁ CASADO CON SU MEJOR AMIGA, MARIANA, DESDE ABRIL DE 2011 Y VIVE EN EL PASO TX.

Aún recuerdo como si fuera hoy la imagen de mi madre postrada de rodillas a la orilla de su cama, orando y pidiéndole a Dios que cambiara la vida mi padre. Esa era su oración cada día: pedir que mi padre entregara su vida a Jesús. Era evidente que mi madre estaba convencida de que si ella era salva, toda su familia iba a serlo como Pablo y Silas le dijeron al carcelero de Filipos en la historia del libro de los Hechos. Pero la verdad es que de tanto verla allí, orando por lo mismo día tras día, con el paso del tiempo comenzó a crecer en mí la duda y hasta llegué a pensar que eso que ella tanto pedía nunca iba a ocurrir.

NO PODEMOS FORZAR LAS COSAS PARA QUE DIOS ENTRE EN LAS VIDAS DE LAS PERSONAS

Muchos hoy nos encontramos con esa misma duda. Hemos aceptado el amor de Jesús y anhelamos que las personas que más amamos lo reciban igual que nosotros. Deseamos ver sus vidas cambiadas y afirmadas en Él, y realmente no llegamos a comprender por qué no lo quieren tomar esa decisión. Este fue uno de los anhelos de mi infancia: el poder ver a mi padre en la iglesia y estar todos juntos como familia recibiendo de Jesús.

No pude ver esto mientras fui pequeño. Esto me hacía sufrir, pero lo que no entendía en ese momento era que Dios tenía planeado el tiempo correcto y perfecto para tener ese encuentro especial con mi padre...

No podemos forzar las cosas para que Dios entre en las vidas de las personas, porque Dios sólo va a los que lo buscan y lo quieren genuinamente, de corazón. Jesús nos llama a que nosotros lo busquemos, a que nosotros corramos a Él. Y eso fue exactamente lo que mi padre tuvo que hacer. Yo esperé muchos años. Años de desvelos, de oraciones, y de ver a mi madre día tras día pidiendo y orando por mi padre. Pero finalmente él terminó corriendo a Jesús. La palabra de Dios dice que si somos salvos nosotros, también nuestra familia lo será. Esto es una realidad. ¡Lo dice Dios, así que es una promesa! Lo que no podemos conocer es el tiempo en que esta promesa se cumplirá. Esperé mucho, pero hoy puedo decir muy feliz que la relación entre mi padre y yo es la mejor que hemos tenido jamás, y esto es en gran parte gracias a que él va entendiendo más y más del amor de Jesús.

NUESTRO DEBER NO ES CONVENCER A LAS PERSONAS, NI SIQUIERA A LAS QUE MÁS AMAMOS

Nuestro deber no es convencer a las personas, ni siquiera a las que más amamos. Nuestro deber es ser un verdadero testimonio de Jesús, y orar por ellos y por su salvación. Debemos ser pacientes, y no rendirnos. Tal vez cuando menos lo esperemos vendrá Su sublime gracia y cautivara las vidas de esas personas que más amamos.

Reflejos de amor

¿Y qué podemos hacer, entonces, mientras esperamos y oramos sin cesar? Tú y yo debemos ser un reflejo del amor de Jesús para los que no creen, ya que es su amor el que tiene el poder de transformar vidas. No podemos alcanzar a nuestros familiares tratando de corregirlos, o condenándolos y haciéndolos sentir mal, como si no fueran dignos del amor de Jesús.

TÚ Y YO DEBEMOS SER UN REFLEJO DEL AMOR DE JESÚS PARA LOS QUE NO CREEN

De hecho, muchas veces lo que hace dudar a las personas de si acercarse a Jesús o no, es nuestra falta de amor. Fíjate lo que dice Jesús en Mateo 22.37-40:

«Ama al Señor tu Dios con todo tu corazón, con todo tu ser y con toda tu mente" —le respondió Jesús—. Éste es el primero y el más importante de los mandamientos. El segundo se parece a éste: "Ama a tu prójimo como a ti mismo." De estos dos mandamientos dependen toda la ley y los profetas.»

¡Jesús fue bien claro! ¡Él dijo que lo más importante es amar! Primero amar a Dios, y después amar a nuestro prójimo como a nosotros mismos. ¡Sin duda Jesús sabía que la manera más poderosa de llegar a las personas es simplemente amándolas!

Si hay algo que te puedo decir con total seguridad es que debes aprender a amar, y esto va hacer la diferencia en como toda tu familia y las personas cercanas a ti te vean. Entre mas amor vean en ti, más les llamará la atención, y cuando descubran que ese amor proviene de Jesús, ¡ellos también van a querer lo mismo!

Volviendo a mi relación con mi padre, creo que el amor es lo que lo mantiene en asombro continuo. Mi padre cometió muchos errores en su vida, pero yo aprendí a amarlo aun con sus errores y, en vez de juzgarlo, lo perdoné.

NADIE PUEDE SEGUIR SU VIDA IGUAL LUEGO DE ENCONTRARSE CON EL AMOR DE JESÚS!

¿Cómo hice? Bueno, la verdad es que pude perdonarlo porque entendí que si Jesús me perdonó a mí por amor, yo de la misma manera debía perdonar a otros por el amor que encontré en Él. ¡Nadie puede seguir su vida igual luego de encontrarse con el amor de Jesús! Si aprendemos a demostrarle amor a nuestros seres queridos aun cuando no estemos de acuerdo con sus acciones, seremos entonces verdaderamente un reflejo de Jesús. Él nunca le dio la espalda a nadie, aun cuando a

Él sí muchos lo rechazaron. ¡Su amor es tan grande y su gracia tan sublime que no tiene fin! Y así también debe ser nuestro amor... Mi oración es poder tener un corazón similar al de Jesús, para que el mundo pueda verlo a Él y así poder decir como el Apóstol Pablo:

«He sido crucificado con Cristo, y ya no vivo yo sino que Cristo vive en mí. Lo que ahora vivo en el cuerpo, lo vivo por la fe en el Hijo de Dios, quien me amó y dio su vida por mí. » (Gálatas 2:20)

PREGUNTAS PARA DISCUSION GRUPAL

1) ¿Qué estrategia has utilizado hasta ahora para intentar llevar a tus seres queridos a los pies de Cristo?

_____
_____
_____
_____
_____
_____
_____
_____

2) ¿Qué estrategia piensas utilizar a partir de hoy, luego de leer estas páginas?

_____
_____
_____
_____
_____
_____
_____
_____

3) Piensa en tu propia experiencia, en cuando tú conociste a Cristo... ¿Qué fue lo que más influyó en tu decisión? ¿Las oraciones intercesoras de alguien, los intentos de forzarte o de convencerte, o tal vez el amor que alguien te mostró? ¿Qué puedes aprender te tu propia experiencia de conversión, que puedas poner en práctica para ayudar a que las personas que amas lleguen a conocer a Cristo?

_____

_____

_____

_____

_____

_____

_____

_____

04
LOS AMIGOS
NO CRISTIANOS
POR FUNKY

FUNKY

SU VERDADERO NOMBRE ES LUIS
MARRERO COSME, PUERTORRIQUEÑO
DE NACIMIENTO. APASIONADO DE LA
MÚSICA. PADRE, ESPOSO, HIJO Y UN
HOMBRE DECIDIDO A COMUNICAR EL
MENSAJE DE DIOS A TRAVÉS DE SU
RITMO.

Era el verano de 1996 y por lo regular yo solo asistía a bares y discotecas en esa época. No recuerdo cómo me enteré de que habría un concierto con uno de mis cantantes favoritos. Yo había seguido toda su trayectoria y no lo había visto desde hacía años. Era un concierto para toda la familia, así que asistí con mi esposa Wanda. Para mi sorpresa, ya después que estaba dentro me di cuenta de que era un concierto cristiano. ¡Confieso que quería salir corriendo! Pero mis deseos de ver a Vico C. me mantuvieron allí.

Me paré con mi familia bastante cerca de la tarima. Al frente vi a Juan, un conocido mío... Bueno, no nos conocíamos mucho, pero como yo sabía que él conocía a Vico C., me acerqué a saludarlo y de paso le comenté cuán feliz sería yo si pudiera saludar a este músico que tanto me gustaba. Me dijo que me quedara junto a él. Al terminar el concierto me lo presentó, ¡y hasta me pude tomar una foto con él! Más tarde, cuando ya me iba para casa, me despedí de Juan, le agradecí nuevamente, e intercambiamos teléfonos. Él me contó que se acababa de mudar a la ciudad, que no tenía muchos amigos, y que necesitaba conseguir una barbería.

SI VAMOS A TENER AMISTADES NO CRISTIANAS TENEMOS QUE SER LÍDERES Y NO SEGUIDORES.

También me dijo que era cristiano y que asistía a una iglesia no muy lejos de mi casa. Yo le confesé que no era cristiano, pero que si él quería podía llevarlo a una barbería.

Un par de días más tarde lo llamé para cumplir mi promesa. De camino a la barbería, Juan me compartió cómo el Señor lo había librado de la muerte. Sus palabras realmente me tocaron, pero le dejé saber que eso de ir a la iglesia no era para mí. De todos modos, luego de ese día mantuvimos la comunicación, y con el paso de las semanas surgió entre nosotros una fuerte amistad. Él seguía asistiendo a la iglesia y yo a las discotecas. En ocasiones me invitaba, pero yo seguía pensando que eso no era para mí. Por mi parte, yo también lo invitaba a la discoteca, y aunque en muchas ocasiones me dijo que no, un día me dijo que sí...

Al entrar al lugar Juan claramente estaba un poco incomodo y permaneció por un rato quieto en una esquina. Yo estaba con otros amigos, y ordenamos unos tragos y cervezas. Le pregunté a Juan si quería tomar algo y me dijo que no. Yo seguía insistiendo y él seguía diciendo que no. De repente empezó a sonar el estilo de música que a Juan le gustaba bailar antes, cuando aún no era cristiano. Ahora sí quería tomar, y bailar también. Al volver de camino a su casa me dijo que estaba muy arrepentido de lo que había hecho, y que no sabia qué le iba a decir a su esposa. Yo le dije que no se preocupara. Creo que mi frase fue: «¡Todos somos humanos, y la vida es para disfrutarla!»

El domingo llamé por teléfono a Juan y le pregunté cómo estaba. Me dijo que acababa de llegar de la iglesia, y que su esposa estaba molesta. Me invitó a ir a la siguiente reunión con él, y yo le insistí con que eso no era lo mío. Pasaron un par de días, y nuevamente llego el día de salir, de ir a la discoteca. Esta vez fue Juan quien me llamó. Me preguntó que si podía venir de nuevo. Yo no era cristiano, pero a pesar de eso me di cuenta de que había algo raro en su conducta... algo para preocuparse...

Líderes y no seguidores

No voy a contarte cómo terminó la historia de Juan, porque prefiero que tú te lo imagines... Lo que sí quiero decirte, ahora que soy creyente, es que si vamos a tener amistades no cristianas tenemos que ser líderes y no seguidores. Porque la mejor manera de demostrarle al no creyente las grandezas de Jesús, es con nuestro estilo de vida. Juan quería convencerme de que aceptara a Jesús, y me decía que si Jesús entraba en mi vida, todo cambiaria. ¡Pero yo no veía ningún cambio positivo en él! ¡Incluso casi no había diferencia entre su vida y la de los no creyentes!

> DIOS SIEMPRE PONE GENTE EN NUESTRO CAMINO PARA CUMPLIR SU PROPÓSITO: QUE COMPARTAMOS LO QUE JESÚS HIZO POR NOSOTROS.

Por eso, aunque mirando hacia atrás me arrepiento de haber sido una piedra de tropiezo para Juan, también entiendo que era responsabilidad suya el mantenerse firme en el camino.

¡Él permitió que el mundo lo influenciara, en lugar de ser él una influencia para el mundo! Y además olvidó que el testimonio no se da solo con palabras, solo con contarle a la gente de Jesús, sino que toda tu vida debe reflejar que eres una nueva criatura.

Imagina que tu mente es el «hard drive» de una computadora. Debes estar muy alerta para ver qué tipo de «downloads» estás haciendo, ¡porque las amistades negativas pueden ser un virus que amenace todo tu sistema! Por eso, recuerda

DEBES CUIDARTE DE SER TÚ QUIEN INFLUENCIE A LOS DEMÁS, Y NO AL REVÉS.

que la Biblia es tu manual de instrucciones.

Allí aprenderás a ser un líder para tus amistades, y encontrarás también los «anti-virus» para tu «hard drive». Dios siempre pone gente en nuestro camino para cumplir su propósito: que compartamos lo que Jesús hizo por nosotros. El tener amigos no cristianos te da esa oportunidad. Pero debes recordar que el testimonio se da con la vida entera. Y debes cuidarte de ser tú quien influencie a los demás, y no al revés.

Proverbios 18:24 dice: «Hay amigos que llevan a la ruina, y hay amigos más fieles que un hermano. » y definitiva-mente queremos ser de los segundos.

PREGUNTAS PARA DISCUSION GRUPAL

1) ¿Piensas que tener amigos no cristianos es más «beneficioso» que «peligroso», o más «peligroso» que «beneficioso»?

_____
_____
_____
_____
_____
_____
_____
_____

2) ¿Cómo podríamos hacer para asegurarnos de que nosotros seremos una influencia positiva para nuestros amigos no cristianos, y no al revés?

_____
_____
_____
_____
_____
_____
_____
_____

3) ¿Qué consejo le darías a un amigo cristiano que esté pasando por una situación similar a la de Juan?

_____
_____

05

EVANGELISMO DE ACCIÓN

POR 7IMMY OST

7IMMY OST

VIVE EN MÉXICO CON SU ESPOSA
KATIA. ES MÚSICO, LOCO Y
SOÑADOR. ES EL DIRECTOR DE
ESPECIALIDADES JUVENILES MÉXICO Y
TAMBIÉN LIDERA EL MINISTERIO DE
LIDERAZGO 24-7. TIENE UN PAR DE
DISCOS EDITADOS

Hace un tiempo atrás mi bello país de México, vivió la temporada de lluvias más agresiva de toda su historia. Dos mega tormentas azotaron a México ferozmente, y las dos al mismo tiempo. Una entró golpeando por el Océano Atlántico, y la otra llegó sin piedad por el Océano Pacifico.

Esta situación dejó como triste saldo a millones de personas afectadas, desprotegidas e indefensas. Pienso que las personas no podemos ser indiferentes cuando la tragedia golpea sin piedad, así es que aun mientras los huracanes estaban pisoteando nuestras tierras, un grupo de amigos se

NO PODEMOS SER INDIFERENTES CUANDO LA TRAGEDIA GOLPEA SIN PIEDAD

sumaron a un esfuerzo que comande para recaudar víveres y llevar ayuda a los que habían quedado en la ruina total.

Antes de contarte un poco más sobre esta aventura de acción, quiero compartirte algo que me llenó de tristeza y frustración.

Al organizar este gigantesco esfuerzo de coordinar 60 voluntarios y 15 toneladas de ayuda en un fin de semana, y emprender luego un viaje incierto con 7 vehículos hacia las zonas más devastadas con el objetivo de llevar

ayuda a donde nadie, ni el mismo ejército, había llegado, lo primero que sucedió fue que comenzamos a recibir muchos halagos en las redes sociales. No voy a mentir.

Me gusta mucho recibir halagos. ¿A quién no le gusta? Así es que al principio me entusiasmé al leer de tantas personas que nos decían: «¡Bien hecho!», «¡Los admiramos!», «¡Son un gran ejemplo!»... Incluso los primeros comentarios me animaron y me ayudaron a tomar fuerzas para comandar nuestro intrépido plan. Pero con el correr de las horas, semejante avalancha de mensajes y felicitaciones comenzó a frustrarme. ¿Por qué? Porque me puse a reflexionar...

¡SI SOMOS CRISTIANOS, EL AYUDAR A ALGUIEN EN NECESIDAD NO DEBERÍA TENER NADA DE ADMIRABLE!

¡Si somos cristianos, el ayudar a alguien en necesidad no debería tener nada de admirable! Esto debería ser parte de nuestra naturaleza y de las experiencias de todos los días. ¡Nuestro reflejo automático ante las necesidades de otras personas debería ser responder con acciones!

Piénsalo un poco. ¿Cuál fue la instrucción de Jesús? Fíjate en Marcos 12.31. Tal vez te sepas este versículo de memoria. Dice: «Ama a tu prójimo como a ti mismo». Parece sencillo, pero no lo es. ¿Cómo te amas a ti mismo?

Cuando tú tienes una necesidad, ¿no haces cualquier cosa para dejar de tenerla? ¡Sí, haces hasta lo imposible! Y justo eso nos pide Jesús que hagamos por los demás. Nos pide que hagamos hasta lo imposible por ayudar al que está en necesidad, para que realmente seamos en el mundo Sus manos y sus pies.

Letras Rojas

El Nuevo Testamento nos desafía e inspira constantemente con sus letras rojas, con las palabras que Jesús pronuncio en voz alta. Pero si lees detalladamente, encontrarás que muchas de las lecciones que Jesús nos dejo están escondidas en las letras negras, en las cosas que Él hizo. Sus acciones, y no solo sus palabras, nos provocan a vivir de una manera distinta, con valor y entrega.

¡HAZ QUE TUS ACCIONES GRITEN MÁS FUERTE QUE TUS PALABRAS!

Al final del día, las personas no recordarán lo que dijiste, pero tus acciones tienen una fuerza imparable que realmente puede transformar sus vidas. ¡Haz que tus acciones griten más fuerte que tus palabras!

Mientras manejábamos camino a la zona devastada, cruzando por carreteras destruidas, y atravesando puentes caídos, intentamos armar un plan en medio del caos para llevar ayuda al mayor número posible de poblaciones, ya que había muchas en extrema necesidad.

Recuerdo la impotencia que sentí al ver el dolor y la tristeza que invadía la zona. ¡Por un momento me pareció que era insignificante la ayuda que traíamos!

Al bajar de las camionetas y caminar entre los escombros en medio de un lodo chicloso con una profundidad de un metro, rodeados de un olor tremendo a putrefacción, lo más espeluznante era ver que la gente seguía viviendo en las ruinas de sus hogares, intentando sobrevivir y rescatar lo poco que les quedaba.

SI EXISTE UNA VIRTUD QUE PUEDE INYECTAR ESPERANZA Y FE A UN CORAZÓN DESCONSOLADO ES LA CARIDAD

Pero luego de ayudar en algunas labores de limpieza, y de sentarnos a platicar con los sobrevivientes y conocer un poco de su historia, algo indescriptible se encendía en nuestros corazones. Algo que solo puede venir del cielo como consecuencia de haberlos abrazado y llorado con ellos...

En ese momento entendí que una despensa básica de alimentos o un botiquín medico solo eran una buena excusa para compartir del inmenso amor que Jesús tenía por estas personas. Si existe una virtud que puede inyectar esperanza y fe a un corazón desconsolado es la caridad, el entregar algo en auxilio de alguien que lo necesita más que tú. Por esto, el objetivo de nuestra brigada de rescate fue atender tanto las necesidades físicas como las emocionales y espirituales de esta gente que lo había perdido todo.

¿No te dan ganas de unirte ya a la causa de Jesús? Te cuento un secreto: no hace falta estar a la espera de que ocurra un desastre natural para ser como Jesús y actuar como Él. Solo necesitas tener la intención de ver mas allá de lo que tie-nes en frente. To-das las personas tienen necesida-des sin satisfacer. Aunque algunas las tengan bien ocultas.

Mira, todos en al-gún momento nos sumamos a algu-na causa, y el creer

> NO HACE FALTA ESTAR A LA ESPERA DE QUE OCURRA UN DESASTRE NATURAL PARA SER COMO JESÚS Y ACTUAR COMO ÉL

en una causa te lleva a estar dispuesto a dar tus energías y recursos con tal de ver el avance de causa. ¡Quiero decir-te hoy que la causa de la cruz de Jesús es la más podero-sa y emocionante a la cual te podrás unir!

Siempre me emociona leer el relato de los primeros dis-cípulos de Jesús. Ellos viajaban de ciudad en ciudad com-partiendo su mensaje, y en Hechos 17.6 vemos lo que decían de ellos: «¡Estos que han trastornado el mundo entero han venido también acá!» ¿No sería maravilloso

que la gente pudiera decir lo mismo de nosotros? Pero desde la primera vez que leí ese versículo me di cuenta de algo: para trastornar una comunidad se requiere mucho más que solo hablar, mucho más que solo predicar con palabras. Es por eso que cada tanto tiempo salgo con un grupo de amigos a una aventura llamada «Mizión Traztorno», con el objetivo de trastornar con el amor de Jesús a distintas naciones, culturas y sociedades.

¡LO QUE DE VERDAD CONQUISTA EL CORAZÓN DE DIOS ES CUANDO DECIDIMOS GASTAR NUESTRA VIDA POR EL EVANGELIO!

¡Compartir en voz alta y con acciones concretas el amor de Jesús sí que vale la pena! Por eso te invito a que te armes de valor y emprendas tu propia «Mizión Traztorno». Tenemos un mensaje tan poderoso en nuestras manos que tiene el potencial de cambiar la vida y la eternidad de cualquiera. Pero, ¿de qué sirve si no lo compartimos?

Hace poco leí una entrevista que le realizaron a Bono, el legendario vocalista de la banda U2, y allí él decía: «Dios no está buscando limosnas, Dios está buscando acción».

¡Cuanta razón tiene! Sin embargo, cuando se trata de darle algo a Dios, muchas veces preferimos darle dinero que tiempo o esfuerzo o sacrificio. ¡Lo que de verdad conquista el corazón de Dios es cuando decidimos gastar nuestra vida por el evangelio! Sí, leíste bien. Dije «gastar». ¿Cuántas veces has oído la frase «invierte tu vida en la causa de Cristo»?

Bueno, en lo personal yo creo que es una óptica equivocada. Al «invertir» siempre estas buscando algo a cambio, una ganancia, retribución o recompensa. Por eso prefiero decir «gastar», porque significa dar sin esperar nada a cambio. ¡Y

DEBES ESTAR DISPUESTO A COMPARTIR TODO LO QUE TIENES Y ERES, TUS IDEAS, TUS ENERGÍAS, TUS RECURSOS Y HASTA TU VIDA...

eso es lo que Jesús hizo por mí, por ti, por tus amigos y por cada persona que habita en este mundo!

Es hora de que una generación radical se gaste por su libertador y salvador. ¿En verdad quieres compartir el mensaje de amor que tiene el poder de transformar vidas? Debes estar dispuesto a compartir todo lo que tienes y eres, tus ideas, tus energías, tus recursos y hasta tu vida...

Y por favor no vayas a creerte la mentira del diablo de que tú no tienes nada para dar. ¡Todos tenemos algo

para dar, y eso te incluye a ti también! Encuentra eso que hay dentro de ti, sácalo, y entrégalo... Dios puso eso en ti para que lo puedas dar. No te quedes con algo dentro que no es tuyo.

Busca lo que Dios puso en tu vida con el propósito de que lo compartas, y permite que Él te ayude a traducirlo en amor para cambiar el mundo.

¡Comienza ya!

PREGUNTAS PARA DISCUSION GRUPAL

1) ¿En qué aspectos de la vida te cuesta más cumplir eso de «Ama a tu prójimo como a ti mismo»? ¿Qué puedes hacer para mejorar en este sentido?

_____

_____

_____

_____

_____

_____

_____

2) ¿Te ha mentido alguna vez el diablo, haciéndote creer que tú no tienes nada para dar? ¿Cómo te sentiste? (¿Y encontraste ya la manera de probarle que está equivocado?)

_____

_____

_____

_____

_____

_____

_____

3) ¿Has podido en alguna oportunidad mostrarle a alguien el amor de Dios de manera práctica, de un modo en que tus acciones gritaran más fuerte que tus pala-

bras? ¿Qué sucedió? Decide ahora mismo cuál va a ser
tu próxima «Mizión Trastorno»...

_____

_____

_____

_____

_____

_____

_____

06
UN INMENSO CAMPO DE TIERRA FÉRTIL

POR ULISES DE RESCATE

ULISES EYHERABIDE - RESCATE

ES EL FUNDADOR DE RESCATE, BANDA
EN LA QUE HASTA HOY SIGUE SIENDO
LÍDER Y CANTANTE. ES EL COMPOSITOR
DE LA MAYORÍA DE LAS CANCIONES.
ADEMÁS DE SER MÚSICO, ES TAMBIÉN
ARQUITECTO Y DISEÑADOR GRÁFICO.
VIVE CON SU FAMILIA EN ARGENTINA

La calle

Fotos de la vida, fotos que se velan en la calle.
Mucha gente grita, pocos que te escuchan en la calle.
Madres en la plaza lloran a sus hijos por las calles.
El hambre limpia vidrios, se disfraza, me hace burlas por las calles.
¡Ah! ¡En la calle! ¡Ah! ¡En las calles!

En la calle los buscó, en la calle los sanó.
En la calle les dio pan, por las calles sus pisadas van.

Fuera de las casas, fuera de los templos y a la calle.
Donde está el que sufre dale una palabra, no te calles.
Mira que la vida corre apresurada por las calles.
Mira que la muerte anda merodeando por tu calle.
¡Ah! ¡En la calle! ¡Ah! ¡En las calles!

En la calle los buscó, en la calle los sanó.
En la calle les dio pan, por las calles sus pisadas van.

Escribí esta canción para el disco de Rescate «No es cuestión de suerte» (2001). Desde entonces, Dios nos ha llevado a más de treinta países entre América y Europa.

A casi mil ciudades en diferentes partes del mundo. En cada sitio cambian las costumbres, cambian los idiomas, cambian las tradiciones. Lo único que resulta invariable es que a nuestros conciertos asisten principalmente jóvenes, adolescentes y niños. Mexicanos, guatemaltecos, paraguayos, norteamericanos, españoles, italianos, argentinos, uruguayos, venezolanos, peruanos, chilenos,

colombianos, ecuatorianos, holandeses... A simple vista parecen personas diferentes por pertenecer a países y culturas bien distintas con comidas que no se parecen entre sí. Pero en un sentido generacional, para este mundo son lo mismo: la nueva generación. Para nosotros, la tierra más fértil.

Hay un pasaje de la Biblia, en Juan 4.35-38 que dice así: «¿No dicen ustedes: "Todavía faltan cuatro meses para la cosecha"? Yo les digo: ¡Abran los ojos y miren los campos sembrados! Ya la cosecha está madura; ya el segador recibe su salario y recoge el fruto para vida eterna. Ahora tanto el sembrador como el segador se alegran juntos. Porque como dice

MUCHOS HAN SEMBRADO, E INCLUSO MUCHOS HAN REGADO CON LÁGRIMAS, LO QUE HOY NOSOTROS PODEMOS COSECHAR.

el refrán: "Uno es el que siembra y otro el que cosecha." Yo los he enviado a ustedes a cosechar lo que no les costó ningún trabajo. Otros se han fatigado trabajando, y ustedes han cosechado el fruto de ese trabajo.»

Mi ciudad natal en Argentina, que además es la ciudad en donde vivo actualmente, se encuentra en una zona donde la actividad agrícolo-ganadera es la más habitual. Esto hace que yo conozca mucha gente que se dedica a trabajar la tierra, a sembrar, a cosechar... También tengo familiares en otras partes de la Argentina que se dedican a esto, lo cual me permite hablar con cierto conocimiento al respecto.

Las personas que dedican su vida a trabajar la tierra son en general gente muy sacrificada. Gente que no sabe de horarios, de fines de semana, de vacaciones. Muchas veces, cuando cualquiera de nosotros aún está durmiendo, o incluso algunos recién acostándose, ellos están levantándose. Se despiertan antes que el sol mismo para comenzar su dura jornada de trabajo.

Sembrar con esperanza de fruto

Imagínate a un joven de madrugada, rompiendo con su pala la tierra para sembrar una planta que recién dentro meses será árbol, y dentro de años dará frutos. O a un hombre mayor, agachado bajo el sol, quitando las malas hierbas de entre las hortalizas que con tanto trabajo ha plantado. Piensa... ¿es posible que a alguna de

> SE CUMPLIRÁN LAS PALABRAS DE JESÚS DE QUE TANTO EL SEMBRADOR COMO EL SEGADOR SE GOZARÁN JUNTOS.

estas personas se le pase por alto el día o la época de la cosecha? ¡Es imposible! De hecho, desde el día que han sembrado lo que fuere, trigo, maíz, soja, o plantado frutales de naranjas, duraznos, manzanas, desde ese mis-

mísimo día ellos están pendientes a cada momento del resultado de ese sacrificio. Esperan la cosecha contando los días que faltan, y hasta las horas. Ellos conocen los regímenes de lluvias según la época del año, y se apenan con las temporadas de sequía, o las heladas, o los fuertes vientos y tormentas que a veces hasta traen granizo. Intentan proteger lo que han sembrado de todas las amenazas posibles, y durante todo este tiempo ellos se dedican día y noche para que llegado el momento de la cosecha, obtengan el mejor fruto que se pueda obtener.

Jesús, sin embargo, les dice a sus discípulos algo como esto: «Ustedes piensan que faltan tres o cuatro meses para la cosecha, pero yo les digo: Levántense, miren que ya está listo el campo, ¡es tiempo de cosechar!» ¿Cómo puede ser? ¿Por qué no se habían dado cuenta los discípulos? Muy sencillo: porque no habían sido ellos los que habían sembrado. A simple vista pareciera injusto que alguien que no se ha esforzado en la tarea de sembrar sea el que disfrute de la cosecha, ¿no es así? Pero Jesús nos está diciendo que así son las cosas en el Reino.

Pensemos ahora en nuestros líderes, nuestros pastores, nuestros padres, nuestros mayores. Seguramente podremos ver que en otros tiempos de la iglesia muchos de ellos han sembrado, e incluso muchos han regado con lágrimas, lo que hoy nosotros podemos cosechar. ¿Por qué es que a veces no nos animamos a tomar el desafío de recoger el fruto de esa siembra? Bueno, porque cosechar sin haber sembrado nos pone en un lugar en el cual no nos sentimos merecedores, y por eso no nos atrevemos al desafío. Pero déjame decirte que esto es un proceso cíclico. Si lo enfocas de esta manera, comprenderás por qué Dios lo dispuso así. Cuando veas que no se trata solo de cosechar, ya no te parecerá tan injusta la idea que Jesús nos planteó. Y es que cuando tú comiences a cosechar, casi inmediatamente serás también el que siembre nuevamente, para que nuevas generaciones sean las que cosechen en el futuro. Y así se cumplirán las palabras de Jesús de que tanto el sembrador como el segador se gozarán juntos.

LA VERDADERA PAGA DEL QUE SE ESFUERZA Y SACRIFICA EN LA TAREA DE LA SIEMBRA, NO ES QUE ÉL MISMO SEA EL QUE COSECHE, SINO VER QUE EL RESULTADO DE SU ESFUERZO NO FUE EN VANO.

Cierta vez me puse a conversar con una persona del campo sobre esto, y esta persona me comentaba una verdad que se da en el campo pero que puede trasladarse también a nuestra vida cristiana. Este a persona me dijo que la verdadera paga del que se esfuerza y sacrifica en la tarea de la siembra, no es que él mismo sea el que coseche, sino ver que el resultado de su esfuerzo no fue en vano. ¡Ver que haya fruto! Es por eso que si nosotros entramos en

este desafío, nos alegraremos nosotros, pero también se alegraran nuestros mayores, pastores, líderes, padres.

Una exitosa empresaria de la madera, dueña de una empresa familiar que se fundó hace ya varias generaciones, me comentó que ella tala bosques con árboles de más de cien años de edad, para maquinar esa madera y comercializarla. Por cada árbol que ella tala, ella planta un nuevo árbol. Tala bosques enteros, sí, pero inmediatamente los repone, sembrando y plantando nuevos árboles. Y su comentario, que nunca olvidaré, fue: «Yo no conocí a la persona de mi familia que planto el árbol que hoy me da la madera para que mi empresa sea próspera y exitosa, pero sin duda su esfuerzo trajo su fruto, y él estaría orgulloso de mí. Así como seguramente el que tale el árbol que acabo de sembrar no me conocerá, pero dentro de cien años yo estaré orgullosa de que mi esfuerzo no fue en vano.»

> LA CALIDAD DE LAS SEMILLAS QUE LLEVAMOS GARANTIZA QUE NO TENGAN OTRA OPCIÓN MÁS QUE TRAER FRUTO

Volviendo a los párrafos iniciales, en los que comparaba a las nuevas generaciones con inmensos campos de tierra fértil, ¿no crees que, mientras tenemos el desafío de cosechar lo que no hemos sembrado, se nos plantea también el enorme desafío de plantar semillas en corazones y mentes en nuestros pueblos, ciudades y países, y en cada rincón de nuestro mundo, para que otros, a su tiempo, cosechen los frutos?

Quizás no seamos nosotros los que veamos el fruto de lo que hoy sembramos en el corazón de un niño, o un adolescente, pero en tierra fértil la palabra de Dios nunca vuelve vacía. Las nuevas generaciones son tierra fértil, y la calidad de las semillas que llevamos garantiza que no tengan otra opción más que traer fruto. ¡Salgamos fuera de las casas! ¡Salgamos fuera de los templos! ¡Salgamos a la calle, a un inmenso campo de tierra fértil!

La oportunidad es ya. La presente generación te necesita y lo mejor, es que es tierra que dará fruto seguro.

«El que con lágrimas siembra, con regocijo cosecha. El que llorando esparce la semilla, cantando recoge sus gavillas.» (Salmos 126:6)

PREGUNTAS PARA DISCUSION GRUPAL

1) ¿Te ha tocado alguna vez cosechar algo que tú no sembraste? ¿Cómo te sentiste?

_____
_____
_____
_____
_____
_____
_____

2) ¿Te ha tocado alguna vez sembrar algo que tú no cosecharás? ¿Cómo te sentiste?

_____
_____
_____
_____
_____
_____
_____

3) ¿Estás de acuerdo con que las nuevas generaciones son «un inmenso campo de tierra fértil»? ¿Por qué sí o por qué no? ¿Cuál es la tarea que Dios te ha encomendado en este campo?

_____
_____

_____

_____

_____

_____

_____

_____

07

ALGUIEN NECESITA VER A JESÚS

POR LILLY GOODMAN

LILLY GOODMAN

ORIGINARIA DE SANTO DOMINGO,
REPÚBLICA DOMINICANA (DE
DESCENDENCIA BRITÁNICA), LILLY
ES RECONOCIDA COMO UNA DE
LAS VOCES MÁS PRODIGIOSAS DE LA
MÚSICA CRISTIANA EN ESPAÑOL.

Todavía recuerdo la primera vez que fue plantada en mi corazón la pasión por servir a Jesús. Yo tenía 8 años, y me encontraba en un pueblito en las afueras de la ciudad de Santo Domingo, en República Dominicana, aproximadamente a una hora y treinta y cinco minutos de la ciudad. Mis padres habían estado evangelizando en ese lugar, visitando casa por casa, conversando con los residentes, escuchando sus historias, y orando por ellos.

No conocían a nadie allí. Simplemente estaban obedeciendo el sentir que Dios había puesto en su corazón de ir y alcanzar más vidas para el reino. Luego de varias visitas, algunas familias ya los esperaban con ansias. Decían que su presencia les transmitía una paz inexplicable.

IR EN EL TIEMPO INDICADO POR DIOS Y CON EL SENTIR GENUINO DE VER AQUELLA COMUNIDAD TRANSFORMADA FUE LO QUE LES ABRIÓ LAS PUERTAS ARA HABLAR DEL AMOR DE JESÚS.

Mis padres servían a la gente de este pueblito en todo lo que podían, no solamente predicando con palabras. Si alguien necesitaba ser transportado hasta el hospital, ahí estaban. Si alguien necesitaba consejo, ahí estaban. Si alguien necesitaba alimentos, ahí estaban.

Si alguien precisaba una palabra de ánimo, ahí estaban. Nadie antes había tenido éxito tratando de predicar en aquel lugar. Algunos cuentan que los maldecían, les tiraban piedras, y los echaban. Yo creo que ir en el tiempo indicado por Dios y con el sentir genuino de ver aquella comunidad transformada fue lo que les abrió las puertas a mis padres para hablar del amor de Jesús.

Como no había ninguna congregación ni iglesia en la zona, decidieron rentar una pequeña casita de madera, que era lo único disponible en el momento. Allí invitaron a las personas a reunirse dos días a la semana. La guitarra acústica de mi padre, los panderos que tocábamos mis hermanas y yo, y una güira que tocaba mi hermano mayor eran nuestros instrumentos. ¡El primer domingo que nos reunimos fue glorioso! Varias familias llegaron con sonrisas en sus rostros, y listas para ver algo nuevo.

Ese día mi padre compartió con la gente una lectura de Filipenses 3, y predicó sobre el valor incalculable de conocer a Cristo. Desde ese día, por alguna razón, el versículo 8 quedo grabado en mi mente y en mi corazón para siempre. Allí dice: «...todo lo considero pérdida por razón del incomparable valor de conocer a Cristo Jesús, mi Señor». Yo lo recitaba todo el tiempo, ¡y me sentía tan privilegiada de ser cristiana!

Durante esa temporada, el poder de Dios realizo obras maravillosas en aquella región. Personas fueron sanadas, y la tierra comenzó a dar frutos como nunca antes. Los residentes abrazaban a mis padres y les decían:

«¡Gracias por venir a traernos esperanza y tanta bendición!», «¡Gracias por mostrarnos a Jesús!»

¿Qué herencia vas a dejar?

La realidad es que gran parte de mi familia vive y vivió apasionada por compartir el evangelio, y ellos nos pasaron esa preciosa herencia. Mi abuelo paterno, por ejemplo, era un europeo que emigró a Republica Dominicana, y allí dedicó gran parte de su vida a evangelizar a la gente en el campo.

Era un hombre de raza inglesa, muy inteligente y culto. Y hablaba más de tres idiomas, lo cual le permitió evangelizar en diferentes culturas, incluida una comunidad de haitianos

MI AMOR POR CRISTO Y SU REINO ES LO QUE ME MOTIVA Y ME SOSTIENE

que fueron alcanzados en su propio idioma a través de mi abuelo.

El crecer en ese ambiente donde compartir el mensaje con otros era una tarea tan importante y seria despertó en mí el deseo de hacer lo mismo. Con tan solo ocho añitos, y escuchando a mi padre leer ese pasaje, yo pensé: «¡Wow, qué maravilloso es Dios! ¡Voy a servirle por el resto de mi vida! ¡Quiero que todas las personas del mundo lo conozcan, y le entreguen sus corazones!»

Pasó el tiempo, pero mi anhelo no cambió. Desde el año 2001 viajo a diferentes países compartiendo el mensaje a través de la música, con alegría y pasión. Mi amor por Cristo y su reino es lo que me motiva y me sostiene. ¡Y es que deseo tanto que las personas tengan un encuentro con Dios, que desarrollen una relación personal con él, y que vivan en la plenitud de sus promesas!

NO ES NECESARIO GRABAR UN DISCO, O ESPERAR A CONSEGUIR UNA VISA Y SALIR DE MISIONERO A UN PAÍS LEJANO!

Todos los seguidores de Jesús tenemos la encomienda de ir por el mundo predicándole a la gente. ¡Pero la buena noticia es que no es necesario grabar un disco, o esperar a conseguir una visa y salir de misionero a un país lejano! Puedes empezar hoy mismo por tú mundo (tu escuela, tu círculo de amigos, tus vecinos, tu ciudad, tu país...)

Puedes repartir literatura cristiana en las calles, cantar con un grupo de jóvenes en una esquina de tu ciudad, hablarles de tu vida cristiana a tus compañeros de clase... ¡Todas esas fueron parte de las misiones que yo realicé durante mi adolescencia!

Algo lindo del evangelio de Jesucristo es que nos acerca.

Las doctrinas y religiones tienden a dividir, pero el mensaje puro de verdad, de amor, de compasión, de esperanza y de restauración, nos une. ¡No hay manera más eficaz de contagiar a alguien que por medio de la convivencia! Jesús no vivió ajeno a su entorno. De hecho, Él estuvo bien pendiente de las necesidades de los que lo rodeaban, en especial de aquellos que quizás los religiosos de aquel tiempo no creían dignos.

En mi último año de bachillerato yo era la única cristiana en todo el colegio. Me llamaban «la hermana». Cuando alguien gritaba «Hola hermana, ¿como está?», todos sabían que yo había llegado. ¡Me hice bastante popular con ese sobrenombre! Algunos de los alumnos que peor

¡NO HAY MANERA MÁS EFICAZ DE CONTAGIAR A ALGUIEN QUE POR MEDIO DE LA CONVIVENCIA!

se comportaban a veces me decían: «Hermana, ore por mí», «Ore por mí porque quiero dejar de hacer tal cosa», o simplemente: «Yo quiero eso que usted tiene». (¡Sí, me decían «usted», como si fuera una anciana, ja ja!).

El día en que mi curso se graduó, me llamaron al frente para recibir un certificado como estudiante excelente, y todos mis compañeros se pusieron a gritar «¡La hermana, la hermana, la hermana!». ¡Todavía me provoca risa el pensar en ese momento! También, en una de las clases

de música mi profesor descubrió que yo sabía cantar, y entonces me encargaron cerrar la graduación con la canción «We Are The World» junto al coro del colegio.

¡Fue una experiencia muy bonita! Luego, ya estando en la universidad, grabe mi primer disco, y mis antiguos amigos del colegio estuvieron felices y locos por escucharlo. Hoy varios de esos alumnos conocen al Señor, y algunos maestros también. ¡Incluso la dueña y directora del colegio, quien tiene todos mis discos firmados! No puedo decirte que fui yo quien los llevó a Cristo, pero sé que mientras conviví con ellos les di un buen testimonio de lo que significa ser cristiano.

> ¡ALGUIEN NECESITA ENCONTRARSE CON JESÚS HOY, Y TÚ PUEDES SER EL PUENTE QUE LO DIRIJA HACIA ÉL!

Por todo esto es que hoy quiero animarte a ti a buscar más de Dios, a enamorarte de su palabra, y a aprovechar cualquier oportunidad que tengas para compartir de su gran amor. ¡Vamos! ¡Alguien necesita encontrarse con Jesús hoy, y tú puedes ser el puente que lo dirija hacia Él!

PREGUNTAS PARA DISCUSION GRUPAL

1) ¿Recuerdas cuándo y cómo fue el momento en que decidiste servir a Dios por el resto de tu vida? ¿Cómo describirías tu «evolución» a partir de ese momento y hasta yo, en lo que se refiere a entrega y dedicación a Dios?

_____

_____

_____

_____

_____

_____

_____

2) ¿Cómo es el testimonio que reciben tus amigos o compañeros de clase cuando te ven a ti y el modo en que vives tu vida cristiana? ¿Qué piensas que piensan ellos de Cristo cuando te miran a ti?

_____

_____

_____

_____

_____

_____

_____

3) ¿Estás de acuerdo con que no es necesario grabar un disco, o esperar a conseguir una visa y salir de misionero a un país lejano para predicar de Jesús? ¿Qué «misión» puedes comenzar tú ahora mismo?

_____

_____

_____

_____

_____

_____

_____

_____

EL GRAN COMIENZO ES YA

POR LUCÍA PARKER

08

LUCÍA PARKER

ES CONOCIDA POR SU CORAZÓN DULCE
Y SENCILLO, Y UNA VOZ QUE HA
LOGRADO RECORRER YA MUCHOS
RINCONES DE LATINOAMÉRICA Y
ESTADOS UNIDOS. DE ORIGEN
SALVADOREÑA RECIDE HOY JUNTO A
SU ESPOSO EN NASHVILLE, EEUU.

Algunos creen que necesitan tener un gran entrenamiento antes de comenzar a evangelizar, o que deben esperar que se dé la situación «ideal» para decirle a otro las primeras palabras sobre Jesús. Si ese es tu caso, aquí te va mi historia...

En junio del año 2000 conocí a un muchacho muy peculiar. A muy pocos días de habernos conocido, una tarde de sábado cualquiera, este chico me invitó a que lo acompañara a dar un paseo. Por ese entonces yo era una tímida adolescente de 17 años de edad, hija de pastor, y no iba a ningún lado sin mi madre o mi hermano mayor al lado. Fue un milagro total que mi madre aceptara darme permiso para acompañar al joven y subirme sin un «chaperón» a su automóvil para ir a dar una vuelta. Por algún motivo este muchacho le inspiraba confianza. Ya de por sí esto era un acontecimiento raro, o más bien insólito. Pero más inesperada fue la sorpresa que me llevé cuando me di cuenta del lugar a donde nos dirigíamos...

> ALGUNOS CREEN QUE NECESITAN TENER UN GRAN ENTRENAMIENTO ANTES DE COMENZAR A EVANGELIZAR

Este muchacho se estacionó a la orilla de una calle muy transitada, donde hay una plaza pública que siempre está llena de personas porque es un punto donde se de-

tiene el transporte público para dejar y recoger pasajeros. Yo estaba un poco confundida. Pensaba que iríamos a un centro comercial moderno, o a comer algo delicioso. Definitivamente esta experiencia urbana no era el plan que yo había imaginado. No era un lugar limpio, ni ordenado, ni tampoco el más seguro del planeta. Así es que, incluso antes de que mi mente intentara comenzar a encontrarle un sentido a lo que estaba sucediendo, simplemente le pregunté: «¿Qué estamos haciendo aquí?» El muchacho me respondió rápidamente, con un tono tranquilo y como si fuera lo más natural del mundo: «Vamos a evangelizar».

Traté de disimular mi reacción, pues como hija de pastor, y siendo la niña cristiana, criada en la iglesia, que yo era, ¿qué hubiera pensado este muchacho si yo le decía lo que realmente estaba pasando por mi mente? Disimulé, pero internamente me sentía como si hubiera escuchado el sonido de un auto que se estrella a gran velocidad. ¡¿Que?! ¡¿Evangelizar?!

El término «evangelizar» en mi mente era sinónimo de regañar, incomodar, obligar... ¡Y yo no quería molestar a nadie! Por dentro me peguntaba: ¿cómo es posible que todavía haya gente con el valor necesario como para ir a un lugar público y tratar de entablar conversación con un completo extraño, para luego incomodarlo criticándole su forma de vida, y decirle que es un pecador y que si no «repite» en ese mismo momento una oración, entonces si muere esa noche, irá al infierno? ¡Que hubiera una persona capaz de hacer eso me parecía increíble! Y más increíble aun me parecía verme a mí misma aco-rralada en tan incómodo momento: verme obligada a evangelizar por no decepcionar a este nuevo amigo, que con tanta pasión estaba a punto de buscar a nuestra pri-mera víctima... Bueno, ¡al menos así lo sentía yo!

Creo que logré articular un suavecito y tembloroso: «¿Y yo qué tengo que hacer?». Él me dijo: «Solo ve, busca al-guien y comienza».

¿Quéeee? ¿Ese era todo mi entrena-miento? ¿Este tipo pensaba que yo era una profesional? ¿Cómo podía expli-carle que yo jamás en mi vida le había hablado a nadie de

PERO UNA COSA ES IR A LA IGLESIA, Y OTRA MUY DISTINTA ES SER LA IGLESIA

Jesús? Es cierto, yo había estado muy cómoda asistiendo por años y años a la iglesia junto con mis padres (igual, no es que hubiera opción), pero una cosa es ir a la iglesia, y otra muy distinta es ser la iglesia.

¡Para eso yo no estaba lista todavía! O eso yo pensaba. De ninguna manera podía yo evangelizar sin la ayuda de un líder, o pastor, ¡o alguien! ¿Acaso nadie le había pa-sado el memo a este muchacho sobre mi timidez? ¿Por eso quería tirarme a mí sola a los leones?

Por favor, entiéndeme bien. No es que yo me avergon-zara de Jesús. Es que simplemente aun no había expe-

rimentado esa sensación de sentirme perdonada, esa sensación de sentirme tan afortunada de tenerlo en mi vida... ¡esas cosas que cuando uno las siente le resulta imposible no querer compartirlo!

Timidez que se transforma en pasión

En ese momento yo en lo único que pensaba era en cómo evitar padecer esa tortura. Han pasado 14 años y no recuerdo mucho los detalles de «cómo nos fue», con las personas con las que hablamos. Sí recuerdo que no pasó mucho tiempo antes de que mi amigo advirtiera mi estatus de principiante, así que él (¡gracias a Dios!) hizo todo el trabajo y yo obviamente terminé solo observando cómo se hacía. ¡Y lo que jamás olvidaré es la pasión que este muchacho tenía! Luego de ese día él fue mi nuevo amigo. Me caía bien, y además era el único en mi pequeño círculo social de aquella época que sentía esta urgencia por compartir su fe.

¡EVANGELIZAR ES SIMPLEMENTE PONER ESAS BUENAS NOTICIAS AL ALCANCE DE LAS PERSONAS!

Tanto él como yo habíamos crecido conociendo el evangelio de Jesús, pero había una gran diferencia entre los dos: ¡él no tenía miedo de compartirlo! En cambio yo tenía un concepto equivocado de lo que significaba «evangelizar», y por la forma en que yo pensaba que era,

¡definitivamente me avergonzaba hacerlo! La religión me había enseñado ese concepto absurdo de regañar, avergonzar, desenmascarar, y luego persuadir a alguien para que repita una oración. (ADVERTENCIA: No intenten reproducir esto en casa. ¡El evangelismo es algo totalmente diferente!)

Pasó un tiempo antes de que yo comprendiera que el evangelio es sinónimo de buenas noticias. ¡Evangelizar es

POR TENER UN CONCEPTO EQUIVOCADO DE LO QUE ES "EVANGELIZAR" NOS ESTAMOS GUARDANDO ESTA GRAN NOTICIA COMO UN SECRETO

simplemente poner esas buenas noticias al alcance de las personas!

Es decirle al mundo que hay algo más después de nuestros días en la tierra, que no es una película de ciencia ficción ni un mito, ¡que la vida eterna si existe! Es informarles que este regalo es completamente gratis y está disponible para todo aquel que crea en Jesús, lo reconozca en su interior y lo confiese con su boca.

El resto es «pan comido», ¡porque de convencer se encarga el Espíritu Santo! El problema es que muchos cristianos conocemos esta gran verdad, pero por tener un concepto equivocado de lo que es "evangelizar" nos

estamos guardando esta gran noticia como un secreto. Imagínate a alguien que ha descubierto la cura para el cáncer pero decide mantenerlo en secreto y solo piensa usarlo en el caso que el algún día le de esta enfermedad a él Resultaría muy difícil justificar a esta persona que no comparte la cura contra el cáncer aun cuando sus seres queridos están perdiendo la vida por esta enfermedad, ¿verdad? Sin embargo, los cristianos muchas veces actuamos igual.

Estamos muy felices y tranquilos teniendo nuestro regalo de vida eterna, pero no pensamos en compartirlo. ¡Qué doloroso sería escuchar el día de mañana un: «¿Por qué nunca me dijiste?» de parte de esos amigos y familiares a los que no quisimos «incomodar» con el tema!

Creo que ahí está la clave de todo: Tenemos que dejar de ver la evangelización como una incomodidad para el otro, ya que ese era el problema por el cuál yo me avergonzaba. Quiero ser sincera contigo: amo los regalos. Ok, seré aun más sincera: amo los regalos costosos.

Cuando yo logro ver en el empaque la marca y tengo una idea de lo que pudiera ser, ¡me emociono! No seamos hipócritas... ¡¿a quién no le gusta recibir algo que uno mismo no podría comprarse por estar fuera de su presupuesto, y poder disfrutar de ello gracias a que alguien más se esfuerza por pagarlo?!

Bueno, Jesús pago un precio muy alto para darnos el regalo de la vida eterna, y nos ha concedido el gran honor de ser quienes lo compartamos con el mundo. ¡No puedes guardártelo! ¡No puedes esconderlo!

Volviendo a la historia del muchacho que me llevó a evangelizar esa tarde de sábado, la verdad es que con el correr del tiempo me comenzó a gustar... No seas mal pensado. Me refiero a que me gustaba el hecho de que él no se avergonzara de compartir el evangelio.

Él me contó que muchas veces fue rechazado, y que incluso lo sacaron de algunos lugares simplemente porque no podía dejar de compartir sobre Jesús.

Así fue que comencé a acompañarlo a más salidas. Y cuando se dio cuenta que yo tenía una voz medio bonita, ¡ufffff! Radio, televisión, centros comerciales, lugares masivos, donde había gente ahí estábamos. Y aunque tuve que esforzarme un poco para vencer la timidez, ¡ahora hago lo que hago sin temor ni vergüenza!

> JESÚS PAGO UN PRECIO MUY ALTO PARA DARNOS EL REGALO DE LA VIDA ETERNA, Y NOS HA CONCEDIDO EL GRAN HONOR DE SER QUIENES LO COMPARTAMOS CON EL MUNDO.

Mirando hacia atrás, hoy también puedo comprender que ese sábado de junio del 2000 no fue que los planetas se alinearon para que mi mamá desvaríe y me permita ir a dar ese paseo sin chaperón con este muchacho.

Fue un episodio producido en el cielo, porque Dios sabía que cinco años más tarde, y luego de muchas saliditas a evangelizar, ese muchacho y yo uniríamos nuestras vidas para siempre como marido y mujer...

¡Dios tiene todo bien planeado!

PREGUNTAS PARA DISCUSION GRUPAL

1) «Algunos creen que necesitan tener un gran entrenamiento antes de comenzar a evangelizar, o que deben esperar que se dé la situación "ideal" para decirle a otro las primeras palabras sobre Jesús» ¿Es este tu caso? ¿Cambió en algo tu forma de pensar al respecto luego de leer este capítulo? ¿En qué?

_____

_____

_____

_____

_____

_____

_____

_____

2) «El término "evangelizar" en mi mente era sinónimo de regañar, incomodar, obligar... ¡Y yo no quería molestar a nadie! Por dentro me peguntaba: ¿cómo es posible que todavía haya gente con el valor necesario como para ir a un lugar público y tratar de entablar conversación con un completo extraño, para luego incomodarlo criticándole su forma de vida, y decirle que es un pecador y que si no "repite" en ese mismo momento una oración, entonces si muere esa noche, irá al infierno» ¿Has pensado así alguna vez? ¿Cambió en algo tu forma de pensar al respecto luego de leer este capítulo? ¿En qué?

_____

_____

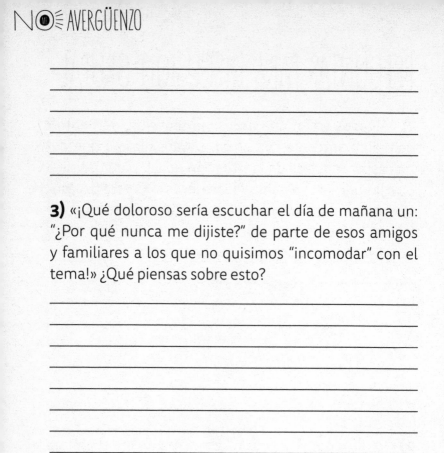

_____
_____
_____
_____
_____
_____

3) «¡Qué doloroso sería escuchar el día de mañana un: "¿Por qué nunca me dijiste?" de parte de esos amigos y familiares a los que no quisimos "incomodar" con el tema!» ¿Qué piensas sobre esto?

_____
_____
_____
_____
_____
_____
_____

09

LA CLAVE

POR ENRIQUE BREMER DE
EN ESPÍRITU Y EN VERDAD

ENRIQUE BREMER
EN ESPÍRITU Y EN VERDAD

LÍDER DE EN ESPIRITU Y EN VERDAD,
MINISTERIO DE ALABANZA DE GRACIA
Y VERDAD EN CHIHUAHUA MÉXICO.
CASADO CON ANABEL Y PADRE DE
2 HIJAS.

Como jóvenes en una sociedad tan tecnológicamente avanzada, en la que la comunicación ha invadido todos los aspectos de nuestra vida, ¡tenemos tantas oportunidades y tantos retos!

Por ejemplo, vemos una y otra vez muchachos haciéndose millonarios sólo porque se les ocurrió una simple aplicación para subir fotos a las redes, o vemos a algún amigo de nuestra edad de repente viajando de ciudad en ciudad porque consiguió un trabajo en alguna gran empresa... Pero al mismo tiempo nos damos cuenta de lo difícil que es hacer nuevas relaciones en esta época.

O, más bien, de lo difícil que es hablar cara a cara con alguien. Preferimos mandarle un WhatsApp al amigo con el que estamos enojados y ahí decirle todas nuestras verdades, pero a la distancia. O declararle nuestro amor a una chica vía Twitter. ¡Nuestras relaciones son cada vez más superficiales!

¡NUESTRAS RELACIONES SON CADA VEZ MÁS SUPERFICIALES!

Ahora bien, si ser joven en esta época es ya de por sí todo un reto, el ser un joven que cree que Cristo Jesús no solo vino e hizo toda clase de milagros, sino que está vivo hoy... ¡eso es exponencialmente más complicado! Pero, complicado o no, la realidad es que Jesús nos envió a ser testigos suyos en esta tierra.

Así que, la pregunta que debemos hacernos es: ¿cómo hacemos para quitarnos esta vergüenza que no nos deja ni mencionar a Dios, y mucho menos al Jesucristo resucitado?

Creo que la clave es la adoración. Ya sé. Luego de leer eso inmediatamente pensaste: «¡¿cómo que la adoración?! ¡¿Qué tiene que ver la adoración con predicarle a alguien?!». Pues sí, a simple vista pareciera que son dos temas completamente diferentes, pero la verdad es que sin una no puedes hacer la otra… Quédate conmigo unos minutos más e intentaré explicarte lo que quiero decir.

La adoración es una extraña mezcla de expresiones, emociones, sentimientos, y algunas cosas más, que suceden en nuestro interior como respuesta cuando Dios se nos revela. Dicho de otro modo, en el momento en que tu realmente ves a Dios (y su grandeza,

LA ADORACIÓN INVADE TODO LO QUE SOMOS, CADA DÍA

hermosura, majestad, gloria, amor, bondad, eternidad, poder, gracia, dominio, soberanía, etc., etc., etc.), todo tu ser es invadido y conmovido por esta realidad, ¡y como consecuencia tu corazón explota en adoración!

Por supuesto, aquí me refiero a la adoración en su sentido más completo y no solamente a cantar canciones lentas en una reunión. Podemos expresar nuestra adoración no solo con música y canciones y arte, sino con obediencia, con entrega, abandonando cosas, negándonos a nosotros mismos, y de muchas otras formas.

La adoración no se limita al momento más emocional en la reunión o en el congreso, donde la música está a toda potencia y todos los presentes están llorando... La adoración invade todo lo que somos, cada día.

Cuando te pones a orar y buscar su rostro, cuando te llenas de la palabra de Dios, cuando decides exponer hasta lo más escondido de tu corazón y lo pones todo bajo su luz... Cuando todo tu ser está lleno de Cristo y te conviertes en su testigo, porque realmente lo puedes ver, y así dejas de ser tan solo alguien que está de acuerdo con un

TUS AMIGOS Y TU FAMILIA Y TUS COMPAÑEROS Y TUS VECINOS, ¡TODOS NECESITAN CONOCER A JESÚS DE MANERA URGENTE!

conjunto de ideas religiosas... En cada uno de estos momentos, estás adorando a Dios.
Una tortura no hacerlo

Cuando logras experimentar la verdadera adoración, es entonces cuando te das cuenta de que es una tortura vivir sin Cristo. Que no existe nada en este mundo que

pueda satisfacer completamente a alguien. Que nada de lo que puedas lograr, adquirir o atesorar, jamás se comparará con ver a Jesús cara a cara. Y entonces simplemente SABES que tus amigos y tu familia y tus compañeros y tus vecinos, ¡todos necesitan conocer a Jesús de manera urgente!

Las personas alrededor tuyo necesitan a Cristo ahora más que nunca. No necesitan una religión o un montón de reglas a seguir. (Eso ya lo tienen.) Lo que necesitan es algo verdadero. Necesitan a alguien que de primera mano haya probado eso que realmente los va a transformar, ¡y que se los comparta! En cuanto tú pongas primero esa necesidad, antes que tu vergüenza y el temor «al qué dirán», entonces vas a encontrar la fuerza para abrir tu boca y las palabras van a fluir de ella. Tú testimonio, lo que Dios ha hecho en ti, es la solución para muchas personas que se están perdiendo sin Cristo. No te puedes callar.

> «Den gracias al Señor, porque él es bueno;
> su gran amor perdura para siempre.
> Den gracias al Dios de dioses;
> su gran amor perdura para siempre.
> Den gracias al Señor omnipotente;
> su gran amor perdura para siempre.
> Al único que hace grandes maravillas;
> su gran amor perdura para siempre.
> Al que con inteligencia hizo los cielos;
> su gran amor perdura para siempre. »
> (Salmos 136:1-5)

PREGUNTAS PARA DISCUSION GRUPAL

1) ¿Has sentido alguna vez vergüenza de hablar de Dios? Describe la situación y qué hiciste en ese momento. Si volvieras a pasar por esa situación hoy, ¿qué harías diferente?

_____
_____
_____
_____
_____
_____
_____

2) ¿Qué consejo le darías hoy a alguien que no habla de Jesús por vergüenza o por temor «al qué dirán»?

_____
_____
_____
_____
_____
_____

3) «Podemos expresar nuestra adoración no solo con música y canciones y arte, sino con obediencia, con entrega, abandonando cosas, negándonos a nosotros mismos, y de muchas otras formas» ¿De qué formas le ex-

presas tu adoración a Dios? ¿Qué otras formas crees que deberías incorporar a tu lista?

_____

_____

_____

_____

_____

_____

_____

_____

SIN PALABRAS, SIN SONIDOS Y SIN VOZ

POR GIO OLAYA DE PESCAO VIVO

GIO OLAYA – PESCAO VIVO

GIO ES EL LIDER Y VOCALISTA DE LA
BANDA PESCAO VIVO. SU MÚSICA ES
UNA MEZCLA DE ROCK, CON RITMOS
DEL CARIBE. PESCAO VIVO ES UNA DE
LAS AGRUPACIONES COLOMBIANAS QUE
MÁS ESTÁ IMPACTANDO A LOS JÓVENES.

«*Los cielos cuentan la gloria de Dios,*
el firmamento proclama la obra de sus manos.
Un día comparte al otro la noticia,
una noche a la otra se lo hace saber.
Sin palabras, sin lenguaje,
sin una voz perceptible...»
Salmos 19.1-3

¿Alguna vez has mirado el cielo en el verano y has jugado a descifrar la forma de sus nubes? ¿O alguna vez has podido mirar el cielo nocturno desde el campo y te has deleitado con la cantidad de estrellas que se ven cuando no están las luces de la ciudad?

NUESTRA VIDA DEBERÍA CONTAR Y TESTIFICAR DE DIOS, SIN NECESIDAD DE QUE ABRAMOS NUESTRA BOCA.

Es indescriptible lo hermoso, majestuoso y maravilloso que encontramos frente a nuestros ojos cuando ponemos la mirada en el cielo.

Cualquiera de estas experiencias nos ayuda a entender este Salmo que comienza diciendo que los cielos cuentan la gloria de Dios...

Cuando miramos al cielo solo vemos un poquito de la gloria de Dios pues nuestra visión es limitada... El ojo humano no puede llegar a ver los cientos de cuerpos que

forman parte del universo. Aún nos cuesta comprender nuestro sistema solar y su galaxia (entre planetas, planetas enanos, satélites, etc.), ni los cientos de miles de millones de estrellas que hay en el Universo... Lo increíble de todo esto es que la creación nos cuenta la gloria de Dios, pero nos la cuenta en silencio.

Sin una voz audible, sin palabras, sin discursos, sin tratar de convencernos de nada. En general, cuando una persona quiere convencernos de algo, nos habla y nos habla del tema hasta el punto de llegar, a veces, a desesperarnos.

Pero Dios nunca nos quiere imponer las cosas de ese modo. Sólo basta con mirar los cielos... En silencio, podemos reconocer su grandeza y majestad.

Contando la gloria de Dios

Cuando reflexiono sobre este pasaje e intento aplicarlo a mi vida, viene a mi mente lo siguiente: Mi vida, ¿está contando la gloria de Dios... sin palabras, sin sonidos, sin una voz perceptible? ¿O, por el contrario, ando siempre con discursos, con muchas palabras, tratando de convencer a mis amigos? Nuestra vida debería contar y testificar de Dios, sin necesidad de que

> ESE ES EL DESAFÍO QUE TENEMOS: EL MOSTRAR LA GLORIA DE DIOS A TRAVÉS DE NUESTRAS VIDAS.

abramos nuestra boca. Deberíamos reflejar en todo tiempo la palabra de Dios en nuestra forma de vivir.

¡Esto seguramente llamaría la atención de nuestros familiares, amigos y compañeros, para que entonces les hablemos de ese buen Jesús que nos perdono, nos transformo y nos salvo! ¿Será que la gente cuando me mira

TÚ TIENES LA SEMILLA Y TIENES LA RESPONSA-BILIDAD DE SEMBRARLA DE UNA MANERA ASTUTA Y EFICAZ.

está viendo la gloria de Dios? ¿O la gloria mía? ¿O ni siquiera la gloria, sino la ruina...? Sé que es fuerte lo que escribo, pero ese es el desafío que tenemos: el mostrar la gloria de Dios a través de nuestras vidas.

Santiago 1.22 dice: «No se contenten sólo con escuchar la palabra, pues así se engañan ustedes mismos. Llévenla a la práctica.» Para esto, tu corazón debe ser una tierra limpia donde la semilla de Dios caiga y con el tiempo dé buen frutó, un fruto que a la vista de tus amigos resulte apetecible, generando así en ellos el interés de probarlo.

Si eres un estudiante, te animo a ver cada corazón de tus compañeros, amigos y profesores como un terreno que necesita la palabra de Dios. Tú tienes la semilla y tienes la responsabilidad de sembrarla de una manera astuta y eficaz.

Hay una famosa frase de Francisco de Asís que resume perfectamente lo que te quiero transmitir hoy. Él dijo: «Prediquen el evangelio en todo tiempo y de ser necesario usen palabras». ¡Debemos dar testimonio de la fe que profesamos en todo tiempo y en todo lugar, en casa, en la escuela, en la calle, a donde sea que vayamos! La palabra «evangelio» quiere decir «buenas nuevas», así es que somos portadores de buenas noticias todo el tiempo. ¡Pero debemos transmitir estas buenas noticias, no solo con palabras, sino con nuestra vida entera! Debemos compartir del amor de Dios no sólo con nuestros labios sino con todo nuestro ser.

TÚ TIENES LA SEMILLA Y TIENES LA RESPONSABILIDAD DE SEMBRARLA DE UNA MANERA ASTUTA Y EFICAZ.

Algunas personas predican mejor de lo que viven, y eso es lo que se llama ser religioso. La religión no cambia a nadie. Solamente la palabra de Dios hecha vida en nosotros tiene el poder como para impactar a otros. Por eso el reto está en vivir mejor de lo que predicamos. Porque eso es lo que la gente está mirando.

Hay muchas personas que no quieren acercarse a Dios, ni quieren leer una Biblia. Por eso tu vida debe ser el primer evangelio que ellos lean. Nuestras vidas deben contarle al mundo que Dios es bueno, que Dios perdona, que Dios transforma y que Dios salva.

En 1 Timoteo 4.12 Pablo dice: «Que nadie te menosprecie por ser joven. Al contrario, que los creyentes vean en ti un ejemplo a seguir en la manera de hablar, en la conducta, y en amor, fe y pureza...».

Creo que es verdad que se necesitan todas estas características para ser un ejemplo para los demás. Debemos cuidar nuestro vocabulario, sobre todo cómo reaccionamos ante los momentos de presión, pues por nuestra boca sale lo que hay en nuestro corazón.

Nuestra conducta debe ser buena en todo tiempo. No hay nadie perfecto, pero si proclamamos que somos hijos de Dios debemos actuar como tales. Si somos hijos del Rey debemos manejarnos como parte de la Familia Real. Debemos demostrar que amamos a Dios y a nuestro prójimo como a nosotros mismos.

«PREDIQUEN EL EVANGELIO EN TODO TIEMPO Y DE SER NECESARIO USEN PALABRAS».

Nuestro espíritu debe estar encendido y avivado con el fuego que ilumina todo a nuestro alrededor.

Nuestra fe no puede desfallecer a pesar de que atravesemos momentos difíciles o pruebas, porque de ese modo demostramos nuestra confianza en el que mora

en nuestros corazones. Y por ultimo la pureza y la santidad deben ser el resultado de vivir conforme a la palabra de Dios.

El vivir una vida que hable de Dios no es una tarea fácil, pero si Jesús nos invita a ser como Él es porque cree que nosotros podemos. No nos engañemos pensando que para evangelizar sólo basta con hablar de Dios, pues las personas se fijan más en lo que hacemos que en lo que decimos. Lo que tú hablas de Dios puede ser la semilla que caiga en el corazón de las personas, pero tu testimonio es el agua que regará poco a poco esa semilla, para que crezca y dé fruto.

Mientras escribía estas líneas, y pensando en que los lectores serán jóvenes como tú, se me ocurrió hacer un juego de palabras con algo de humor para recordarte la importancia de compartir la palabra de Dios con tus actos. Aquí te va esta especie de trabalenguas que he titulado «Lo que hago y lo que digo»:

Escucha lo que digo y mira lo que hago
Y si lo que hago no va de la mano con lo que digo
porque no hago lo que digo aunque digo que lo hago
¡entonces haz, no lo que hago, sino lo que digo!

Siempre me ha parecido interesantísimo que la Biblia tenga un libro que se llame «Hechos». No me hubiera llamado la atención que este libro se titulara «Palabras de los apóstoles».

Sin embargo el libro de «Hechos de los apóstoles» se titula así porque ellos dieron testimonio de su fe con obras. ¡Así como con ellos debe suceder con nosotros! Si tú caminas con Cristo, algún día en el libro de tu vida comenzarás a escribir una parte que se titulará «Hechos».

A partir de ese día la gente verá en tu ejemplo cómo es vivir agradando a Dios, y entonces las palabras van a empezar a sobrar por que tus actos los dirán todo. Y cuando la gente te mire verá que tu vida entera cuenta la gloria de Dios... sin palabras, sin sonidos, y sin una voz...

PREGUNTAS PARA DISCUSION GRUPAL

1) «¿Será que la gente cuando me mira está viendo la gloria de Dios? ¿O la gloria mía? ¿O ni siquiera la gloria, sino la ruina...?» ¿Cuál es tu respuesta personal a esta pregunta?

_____

_____

_____

_____

_____

_____

_____

2) En la historia de tu vida hasta hoy, ¿cuál libro es más grande? ¿El de «Palabras» o el de «Hechos»? ¿Por qué?

_____

_____

_____

_____

_____

_____

3) ¿Cómo puedes contar, a partir de hoy, la gloria de Dios con tu vida entera... sin palabras, sin sonidos, y sin voz?

_____

_____

_____

_____

_____

_____

_____

_____

EL GRAN PRIVILEGIO
POR REDIMI2

11

REDIMI2

ES CONSIDERADO COMO UNO DE
LOS RAPEROS CRISTIANOS MÁS
POPULARES DE LA REPÚBLICA
DOMINICANA Y MÁS CONOCIDO
INTERNACIONALMENTE.2 SE LE
CONOCE COMO EL PRIMER RAPERO
EN LANZAR UN DISCO DE RAP
CRISTIANO EN SU PAÍS

Desde que empezamos a tener uso de razón, los seres humanos podemos sentirnos atraídos, conmovidos, impactados o apasionados por algo o por alguien, y nuestra manera de reaccionar dependerá del punto de vista o de la percepción que tengamos de ese algo o alguien.

Por ejemplo, desde niños sabemos que a papá y a mamá se les tiene más temor y respeto que a nuestros hermanitos, y por lo tanto no hacemos el mismo tipo de bromas con los papás que con nuestros hermanos.

Tampoco reaccionamos igual a la petición de un amigo que a la petición de un desconocido. Incluso hay veces en que caminamos por algún parque o algún centro comercial y vemos a cientos de personas en cuestión de horas, pero estas personas nos pasan por al lado sin despertar en nosotros ningún tipo de reacción, aunque es muy probable que una de esas personas sea la hija del presidente, tu cantante favorito, el autor del libro que más te gusta o un actor muy famoso que no conociste por sus lentes oscuros.

DEPENDIENDO DE CÓMO SEA NUESTRA PERCEPCIÓN, ASÍ SERÁ NUESTRA REACCIÓN

Y es que la verdad es que si no tenemos la percepción de quién se trata no tendremos una reacción significativa, porque dependiendo de cómo sea nuestra percepción, así será nuestra reacción.

Pero si alguien en ese mismo lugar logra identificar a una de estas personas, debido a la percepción que tiene es muy probable que aproveche el privilegio de estar al lado de alguien tan importante y le pida un autógrafo o fotografía. ¡Incluso pasan cosas graciosas con esto de la percepción! Siempre recuerdo cuando en un aeropuerto de Venezuela un grupo de jóvenes se me acercó para tomarse unas fotografías conmigo y contarme lo mucho que les gustaba mi música.

Cuando ellos se marcharan, una señora se me acercó y me pidió tomarse una fotografía junto a mí. Luego me dijo: «Yo no sé quién eres, pero veo que se están tomando fotos contigo, así que seguramente eres alguien famoso». ¡Ella no tenía ni idea de quién era yo, pero quiso tomarse una foto conmigo porque los demás lo hicieron, y entonces ella «dedujo» que yo debía ser alguien importante! ¡Je!

Cierta vez entré a la tienda Tiffany de New York (la tienda más importante de joyas de diamantes, oro y platino). Subí hasta el quinto piso de esta megatienda y observé que había incrustado en una pared un diamante casi del tamaño de mi cabeza.

Lo primero que pensé es que debía de ser un diamante de vidrio o algo por el estilo, y que solo lo tenían como adorno en la tienda. Saque mi cámara y me tome la típica foto con pose de rapero y sonrisa relajada al lado del «diamante falso».

Luego, no sé por qué, se me ocurrió preguntarle a un empleado de la tienda si aquel diamante era real... ¡Para mi sorpresa la respuesta fue que sí! Inmediatamente se me borró del rostro la sonrisa sarcástica con la que había mirado antes al diamante, y me quedé mirándolo fijo y serio.

EN GENERAL, EL QUE SE SIENTE PRIVILEGIADO RECONOCE LA HONRA QUE SE LE HA CONCEDIDO Y NUNCA TRATA DE OCULTARLO

El empleado continuó: «Es el diamante más grande del mundo encontrado hasta hoy, y cuesta más que toda la tienda». Cuando tuve esa información, cambió mi percepción. Con una nueva cara, aproveché el privilegio de poder fotografiarme al lado del diamante más grande del mundo.

Un honor garantizado

Hace poco busqué el significado de la palabra «privilegio» en el diccionario, y me encontré con la siguiente definición: «Privilegio es el honor o el permiso que se le concede a un individuo para realizar una actividad garantizada por otra persona».

En general, el que se siente privilegiado reconoce la honra que se le ha concedido y nunca trata de ocultarlo, ni mucho menos siente vergüenza por dicho honor, sino

que hace todo lo posible para dar la noticia del privilegio que ha experimentado. Por respeto, además, hacia la persona que le concedió ese privilegio. ¡Y nadie a quien se le ofrezca un privilegio quiere perdérselo!

Ahora bien, sabemos que todos los que hemos aceptado a Jesucristo como nuestro Señor y Salvador tenemos el deber de hablarles a otros, y a este deber los cristianos le llamamos «la gran comisión».

CUANDO DESCUBRIMOS QUE PREDICAR EL EVANGELIO ES UN PRIVILEGIO ENTONCES TODO CAMBIA

Pero la percepción que muchos creyentes tienen sobre esta tarea es que solo se trata de un mandato, de una responsabilidad o una practica de ley religiosa, ¡y por eso no lo hacemos con entusiasmo!

Sin embargo, cuando descubrimos que predicar el evangelio es un privilegio que no tienen ni los ángeles de los cielos, sino solo nosotros, las personas que hemos decidido seguir a Jesús, cuando comenzamos a verlo como el honor que es, y entonces todo cambia. La religión nos obliga hacer lo que se nos dice sin pasión, pero una verdadera relación con Jesús nos motiva a hablarles a otros apasionadamente.

Yo tengo un credo y es el siguiente: Si me avergüenza no es un privilegio, y si es un privilegio no tengo por qué avergonzarme.

Se nos ha concedido el más alto de los honores: predicar el evangelio de nuestro Señor Jesucristo con nuestras palabras y con nuestra forma de vida. El evangelio es la mejor noticia que se le haya dado a la humanidad.

¡Jesús dio su vida por nosotros para que seamos salvos por Él! Nunca, pero nunca, te avergüences de anunciar estas noticias. ¡Es un GRAN PRIVILEGIO! ¡No te pierdas la oportunidad de disfrutarlo!

«Gloria, honor y paz para todos los que hacen el bien.» (Romanos 2:10)

PREGUNTAS PARA DISCUSION GRUPAL

1) ¿Puedes enumerar algunos de los privilegios que has disfrutado o disfrutas actualmente? Explica por qué los consideras privilegios.

_____

_____

_____

_____

_____

_____

_____

2) ¿Se te ocurren algunos ejemplos de cómo las personas muchas veces se pierden de disfrutar un privilegio por no reconocerlo como tal?

_____

_____

_____

_____

_____

_____

_____

3) ¿Cuál había sido hasta ahora tu percepción con respecto a predicar el evangelio? ¿Lo veías como una obligación o como un privilegio? ¿Cambió en algo tu forma de pensar al respecto luego de leer estas páginas?

_____

_____

_____

_____

_____

_____

_____

_____

12

EL ÚLTIMO JUEGO DE AJEDREZ

POR ALEX CAMPOS

ALEX CAMPOS

ES UN CANTAUTOR
COLOMBIANO GANADOR
DEL GRAMMY LATINO Y AUTOR
DE LOS LIBROS DEL LLANTO
A LA SONRISA Y POEMAS DE
DIOS

Hay una canción que compuse hace unos años que dice:
«El tiempo se ha tornado como un juego de ajedrez.
Los peones a los reyes, los cristianos a su rey.
El tiempo ha pasado, ¿dónde queda el ayer?
El mundo se ha negado a ser conforme a él.
El tiempo no ha parado, corre aún con rapidez.
Se aumenta el pecado, su fidelidad también.»

Muchos hemos confundido nuestra posición frente a Dios y hemos asumido una actitud que demanda, en lugar de una actitud de servicio y sumisión. Hemos establecido nuestra relación con el Señor pensando que él debe responder cuando nosotros lo solicitamos, y con milagros si es necesario.

HEMOS CONFUNDIDO NUESTRA POSICIÓN FRENTE A DIOS Y HEMOS ASUMIDO UNA ACTITUD QUE DEMANDA, EN LUGAR DE UNA ACTITUD DE SERVICIO Y SUMISIÓN.

A pesar de que no juego mucho ajedrez, entiendo que las piezas de más bajo perfil, como los peones, están para la protección del rey. Sin embargo, alguien puede también utilizarlos para intentar darle jaque a al rey enemigo.

En este caso, quedan peón y rey frente a frente, y el peón

es, por un instante, igual de poderoso que el rey. Como si se ignorara la jerarquía, el poder y todo lo que la autoridad representa. ¡Imagínate!

En el libro de Apocalipsis, el apóstol Juan describe al glorioso Rey de reyes y Señor de señores, a aquél que es el Alfa y la Omega, el Principio y el Fin:

«En el día del Señor vino sobre mí el Espíritu, y oí detrás de mí una voz fuerte, como de trompeta, que decía: "Escribe en un libro lo que veas y envíalo a las siete iglesias: a Éfeso, a Esmirna, a Pérgamo, a Tiatira, a Sardis, a Filadelfia y a Laodicea." Me volví para ver de quién era la voz que me hablaba y, al volverme, vi siete candelabros de oro.

En medio de los candelabros estaba alguien "semejante al Hijo del hombre", vestido con una túnica que le llegaba hasta los pies y ceñido con una banda de oro a la altura del pecho. Su cabellera lucía blanca como la lana, como la nieve; y sus ojos resplandecían como llama de fuego. Sus pies parecían bronce al rojo vivo en un horno, y su voz era tan fuerte como el estruendo de una catarata. En su mano derecha tenía siete estrellas, y de su boca salía una aguda espada de dos filos. Su rostro era como el sol cuando brilla en todo su esplendor. Al verlo, caí a sus pies como muerto; pero él, poniendo su mano derecha sobre mí, me dijo: "No tengas miedo. Yo soy el Primero y el Último, y el que vive. Estuve muerto, pero ahora vivo por los siglos de los siglos, y tengo las llaves de la muerte y del infierno..."» (Apocalipsis 1.10-18)

Como muerto a sus pies

¡Asombroso! Fue tanta la majestad y la gloria al estar en su presencia, que Juan cayó como muerto a sus pies. Piénsalo: tú y yo somos pecadores, somos como hormigas al lado de Él.

Con un solo soplo suyo, desapareceríamos de inmediato de la faz de la tierra. Sin embargo, entramos a su presencia con osadía, y le demandamos nuestra gran lista de sueños, deseos y peticiones. O nos enojamos con Él si no estamos de acuerdo con sus planes. O le damos la espalda a su amor, desviándonos de su perfecta voluntad para nuestras vidas. Sé que el amor, la misericordia y la fidelidad de Dios son muy grandes. Pero no por eso debemos abusarnos.

> ENTRAMOS A SU PRESENCIA CON OSADÍA, Y LE DEMANDAMOS NUESTRA GRAN LISTA DE SUEÑOS, DESEOS Y PETICIONES. O NOS ENOJAMOS CON ÉL SI NO ESTAMOS DE ACUERDO CON SUS PLANES.

Tú y yo debemos reconocer que él es Dios, Señor, Soberano y Creador, y mostrarle, en consecuencia, un supremo respeto.

Deberíamos considerar el ejemplo de Job, un hombre intachable que le daba honor a Dios con su forma de vivir. Fue tanto el agrado de Dios por la vida tan especial de Job, que presumía hasta con el mismo Satanás de que no había un hombre como él en toda la tierra.

Al ver que Dios estaba tan orgulloso de su siervo Job, Satanás le dijo que si le quitaba todo lo que amaba, él seguramente dejaría de ser ese hombre tan recto y especial.

Sin embargo, como Dios conocía el corazón de su siervo, permitió que el maligno lo despojara de todo lo que tenía. Leemos en Job 1.21-22 que cuando Job ya había perdido todo y se encontraba tirado en el suelo con el cuerpo cubierto de llagas, y mientras su esposa lo animaba a maldecir a Dios, las palabras de este hombre fueron: «"Desnudo salí del vientre de mi madre, y desnudo he de partir. El Señor ha dado; el Señor ha quitado. ¡Bendito sea el nombre del Señor"». Y continúa diciendo el relato bíblico: «A pesar de todo esto, Job no pecó ni le echó la culpa a Dios.»

También leemos en Job 9.2-15 que más tarde, ante las críticas de sus amigos, Job replica: «Aunque sé muy bien que esto es cierto, ¿cómo puede un mortal justificarse ante Dios? Si uno quisiera disputar con él, de mil cosas no podría responderle una sola.

Profunda es su sabiduría, vasto su poder. ¿Quién puede desafiarlo y salir bien librado? Él mueve montañas sin que éstas lo sepan, y en su enojo las trastorna. Él remueve los cimientos de la tierra y hace que se estremezcan sus columnas. Reprende al sol, y su brillo se apaga; eclipsa la luz de las estrellas. Él se basta para extender los cielos; somete a su dominio las olas del mar. Él creó la Osa y el Orión, las Pléyades y las constelaciones del sur.

Él realiza maravillas insondables, portentos que no pueden contarse. Si pasara junto a mí, no podría verlo; si se alejara, no alcanzaría a percibirlo.

Si de algo se adueñara, ¿quién lo haría desistir? ¿Quién puede cuestionar sus actos? Dios no depone el enojo; aun Rahab y sus secuaces se postran a sus pies. ¿Cómo entonces podré yo responderle? ¿Dónde hallar palabras para contradecirle? Aunque sea yo inocente, no

EL AMOR, LA MISERICORDIA Y LA FIDELIDAD DE DIOS SON MUY GRANDES, PERO NO POR ESO DEBEMOS ABUSARNOS.

puedo defenderme; de mi juez sólo puedo pedir misericordia...»

Después de leer esto, ¡pienso que realmente podemos decir que Job era un hombre increíble! Aunque hubo momentos en que el dolor lo llevó a la tristeza y la desolación,

nunca juzgó ni culpó a Dios por lo que le estaba sucediendo.

Él entendía perfectamente quién era Dios y también su posición como hombre. ¡Que el Señor nos ayude a ti y a mí para que podamos entender esto también, y para que podamos vivir siendo consecuentes con esta verdad!

Si tenemos en claro quién es Dios y lo humanamente incomprensible de su perdón, misericordia y gracia por nosotros, no tendremos problema en anunciar al mundo lo emocionante que es vivir para él.

PREGUNTAS PARA DISCUSION GRUPAL

1) «Muchos hemos confundido nuestra posición frente a Dios y hemos asumido una actitud que demanda, en lugar de una actitud de servicio y sumisión.» ¿Estás de acuerdo con esta frase? ¿Por qué crees que ha sucedido esta «inversión de roles»?

_____

_____

_____

_____

_____

_____

_____

_____

2) «...entramos a su presencia con osadía, y le demandamos nuestra gran lista de sueños, deseos y peticiones. O nos enojamos con Él si no estamos de acuerdo con sus planes. O le damos la espalda a su amor, desviándonos de su perfecta voluntad para nuestras vidas.» ¿Te identificas con alguno de estos ejemplos? ¿Con cuál? ¿Qué opinas al respecto luego de leer estas páginas?

_____

_____

_____

_____

_____

_____

3) Si de repente te encontraras solo, pobre, y enfermo como Job, ¿cuál sería tu reacción? ¿Seguiría Dios siendo el Señor de tu vida? ¿Vendrías a él en adoración? ¿O te molestarías con Dios y le reclamarías por lo que te acontece? ¿Serías capaz de decir como Job: «El Señor ha dado; el Señor ha quitado. ¡Bendito sea el nombre del Señor!»?

_____

_____

_____

_____

_____

_____

_____

_____

LLEGÓ EL MOMENTO. ¡LA JUVENTUD CRISTIANA SE LEVANTA! PASA LA VOZ.

UNA ORACIÓN DE CONVERSIÓN

Al guiar otra persona a Cristo es importante establecer un dialogo con la persona más importante de todas: Dios.

No hace falta saberse un verso o una frase mágica y se puede hacer con muchas palabras pero es bueno que guíes a la persona que estás evangelizando a una oración similar a esta:

Dios, ahora entiendo que me amas y quieres tener una relación conmigo. Yo hoy quiero darte gracias por el sacrificio de Jesús en la cruz porque ahora entiendo que fue por mí. Ahora confieso que no es posible vivir la vida sin ti y tu ayuda. Te doy gracias por el perdón de mis pecados pero sobre todo el gran pecado de haber intentado vivir la vida según mis propias ideas y fuerzas y no contando con tu amor. A partir de ahora ayúdame a hacer aquellas cosas que traen alegría a tu corazón. Entiendo que no puedes tener en mi corazón un lugar diferente al que tienes en el universo. Te doy el trono de mi vida y te declaro mi Señor.
En el nombre de Jesús. Amén.

Anima a la persona que guías a una relación con Cristo a leer Romanos capítulo 8, sobre todo los versos 38 y 39.

«Pues estoy convencido de que ni la muerte ni la vida, ni los ángeles ni los demonios, ni lo presente ni lo por venir, ni los poderes, ni lo alto ni lo profundo, ni cosa alguna en toda la creación, podrá apartarnos del amor que Dios nos ha manifestado en Cristo Jesús nuestro Señor.»

si
trabajas
con jóvenes
nuestro
deseo es
ayudarte

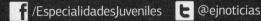

Poemas de Dios

30 DÍAS
DE REFLEXIONES
espirituales

poemas de
DIOS

Editorial Vida   àlex campos   EL

Alex Campos

CHICAS
Tus sueños, tu identidad y tu mundo

Carina Valerga

101 preguntas dificiles
101 respuestas directas

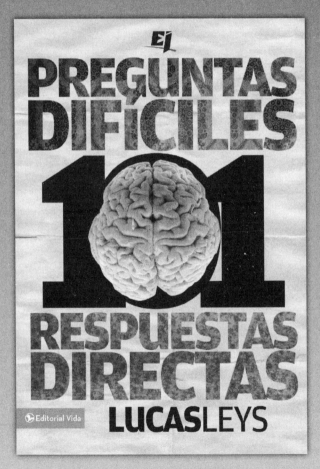

Lucas Leys

De ahora en adelante

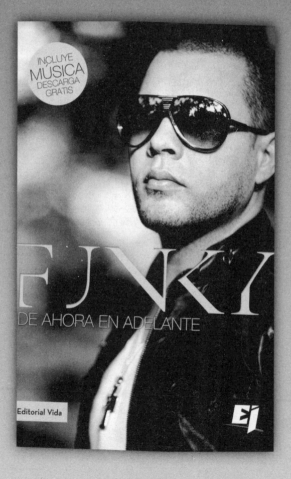

Funky

La batalla de las drogas

LUCAS LEYS   GABI MORALES

LA
BATALLA
DE LAS

DRO
GAS

¿QUÉ HACER?
¿CÓMO AYUDAR?

Lucas Leys | Gabi Morales

Promesas de la Biblia
para chicas

¡Vive!

Timmy Ost

Nos agradaría recibir noticias suyas.
Por favor, envíe sus comentarios
sobre este libro a la dirección
que aparece a continuación.
Muchas gracias.

vida@zondervan.com
www.editorialvida.com